稻垣 清——著 ★ 張萍——譯 ★ 蔡文軒——校訂

中南海：知られざる中国の中枢

中南海

您所不知的中國政治樞紐

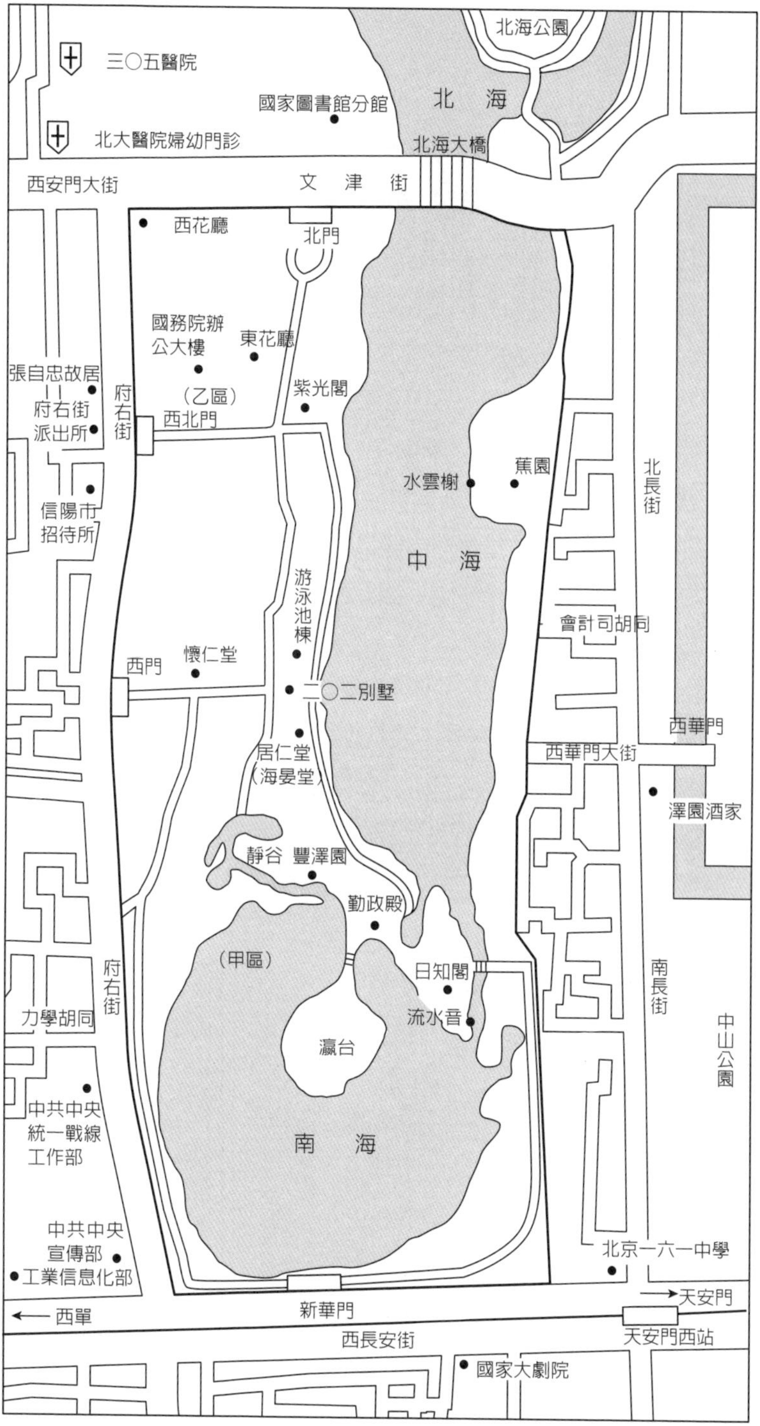
北海公園
三〇五醫院
國家圖書館分館
北　海
北大醫院婦幼門診
北海大橋
西安門大街
文　津　街
西花廳
北門
國務院辦
公大樓
東花廳
張自忠故居
（乙區）
紫光閣
府右街
府右街
派出所
西北門
水雲榭
蕉園
北長街
信陽市
招待所
中　海
游泳池棟
會計司胡同
西門
懷仁堂
二〇二別墅
西華門
西華門大街
居仁堂
（海晏堂）
澤園酒家
靜谷
豐澤園
勤政殿
（甲區）
日知閣
府右街
南長街
力學胡同
流水音
瀛台
中山公園
中共中央
統一戰線
工作部
南　海
中共中央
宣傳部
工業信息化部
北京一六一中學
天安門
西單
新華門
西長安街
天安門西站
國家大劇院
中南海

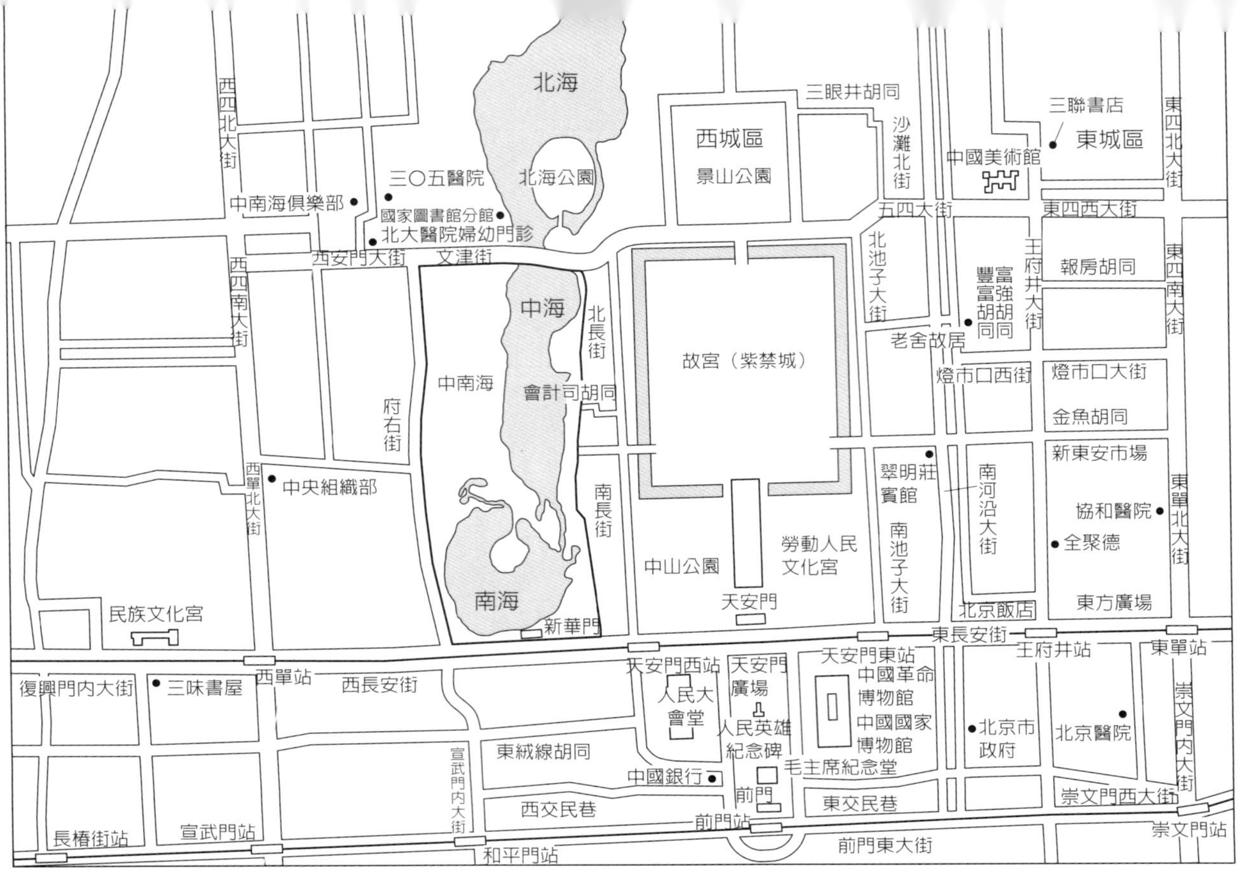
北海
三眼井胡同
三聯書店
東城區
西城區
景山公園
沙灘北街
中國美術館
東四北大街
西四北大街
三〇五醫院
北海公園
中南海俱樂部
國家圖書館分館
北大醫院婦幼門診
五四大街
東四西大街
西安門大街
文津街
北池子大街
王府井大街
豐富胡同
富強胡同
報房胡同
東四南大街
西四南大街
中海
北長街
故宮（紫禁城）
老舍故居
燈市口西街
燈市口大街
中南海
會計司胡同
金魚胡同
府右街
新東安市場
翠明莊賓館
南河沿大街
西單北大街
中央組織部
南長街
協和醫院
全聚德
東單北大街
勞動人民文化宮
南池子大街
中山公園
南海
天安門
北京飯店
東方廣場
民族文化宮
新華門
東長安街
王府井站
東單站
天安門西站
天安門廣場
天安門東站
中國革命博物館
中國國家博物館
復興門內大街
三味書屋
西單站
西長安街
人民大會堂
人民英雄紀念碑
北京市政府
北京醫院
崇文門內大街
東絨線胡同
宣武門內大街
中國銀行
毛主席紀念堂
前門
西交民巷
東交民巷
崇文門西大街
長椿街站
宣武門站
前門站
崇文門站
前門東大街
和平門站

中南海・故宮

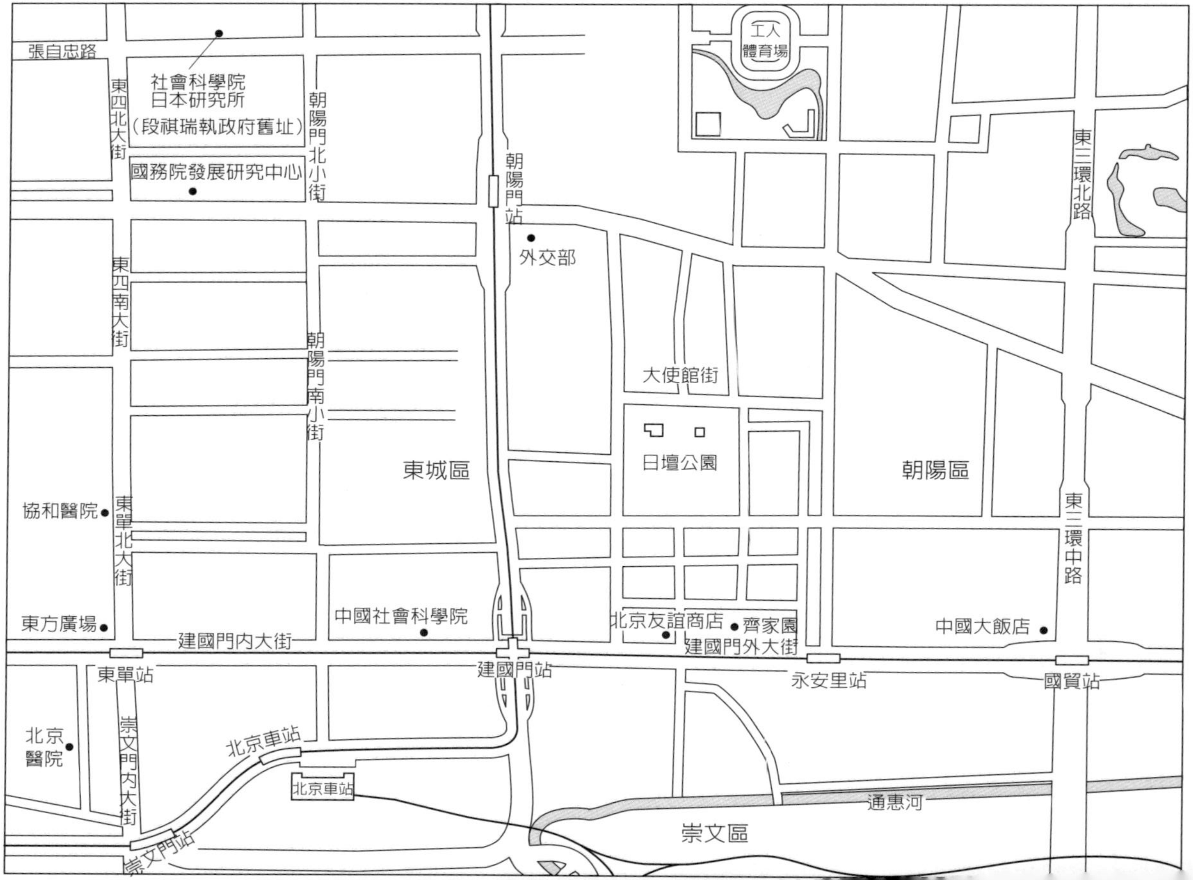
張自忠路
社會科學院
日本研究所
（段祺瑞執政府舊址）
國務院發展研究中心
東四北大街
朝陽門北小街
朝陽門站
工人體育場
東三環北路
外交部
東四南大街
朝陽門南小街
大使館街
日壇公園
東城區
朝陽區
協和醫院
東單北大街
東三環中路
東方廣場
建國門內大街
中國社會科學院
北京友誼商店
齊家園
建國門外大街
中國大飯店
東單站
建國門站
永安里站
國貿站
北京醫院
崇文門內大街
北京車站
通惠河
崇文區
崇文門站

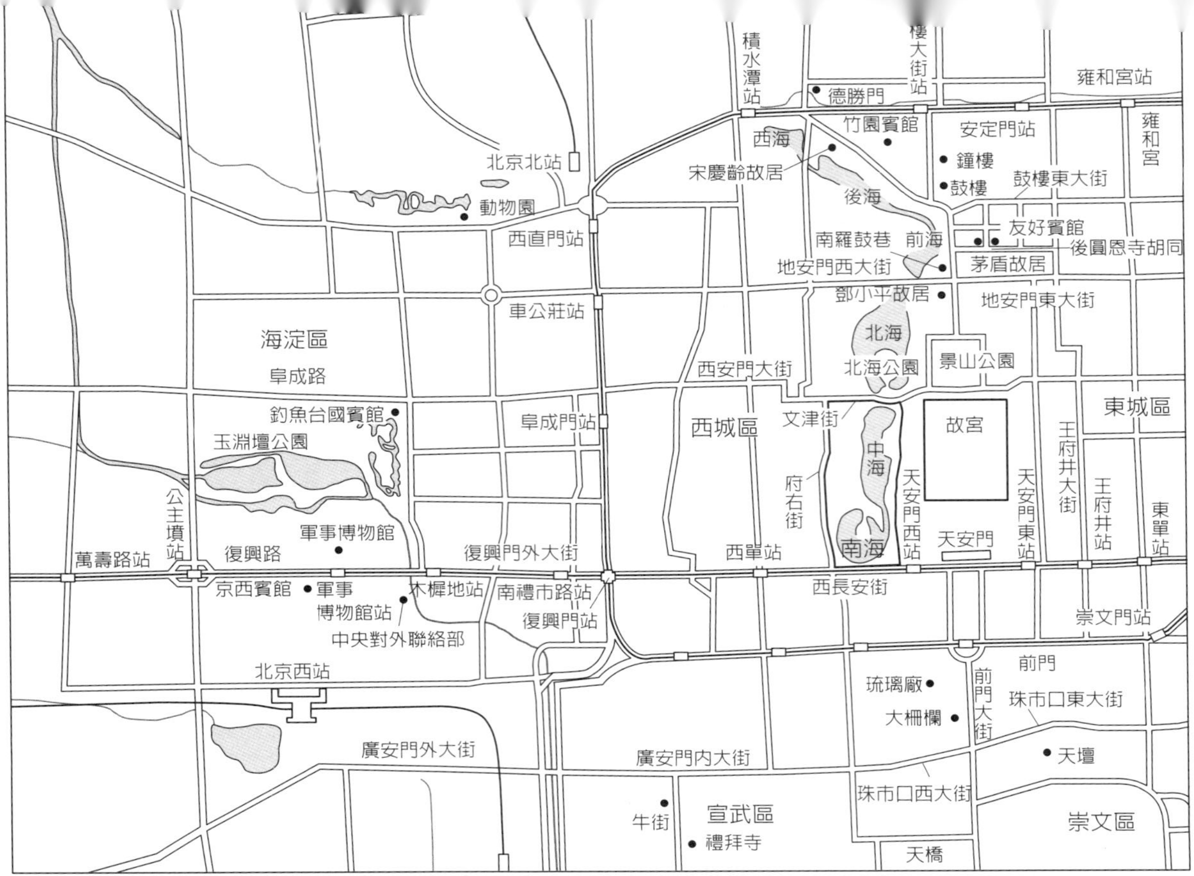
積水潭站
樓大街站
德勝門
雍和宮站
西海
竹園賓館
安定門站
雍和宮
宋慶齡故居
鐘樓
鼓樓
鼓樓東大街
北京北站
後海
動物園
友好賓館
南羅鼓巷
前海
後圓恩寺胡同
西直門站
地安門西大街
茅盾故居
鄧小平故居
地安門東大街
車公莊站
海淀區
北海
西安門大街
北海公園
景山公園
阜成路
東城區
釣魚台國賓館
文津街
故宮
阜成門站
西城區
玉淵潭公園
中海
王府井大街
府右街
天安門西站
天安門東站
王府井站
東單站
公主墳站
軍事博物館
天安門
萬壽路站
復興路
復興門外大街
西單站
南海
京西賓館
軍事博物館站
木樨地站
南禮市路站
西長安街
復興門站
崇文門站
中央對外聯絡部
前門
北京西站
琉璃廠
前門大街
珠市口東大街
大柵欄
廣安門外大街
天壇
廣安門內大街
珠市口西大街
牛街
宣武區
崇文區
禮拜寺
天橋
北京市區

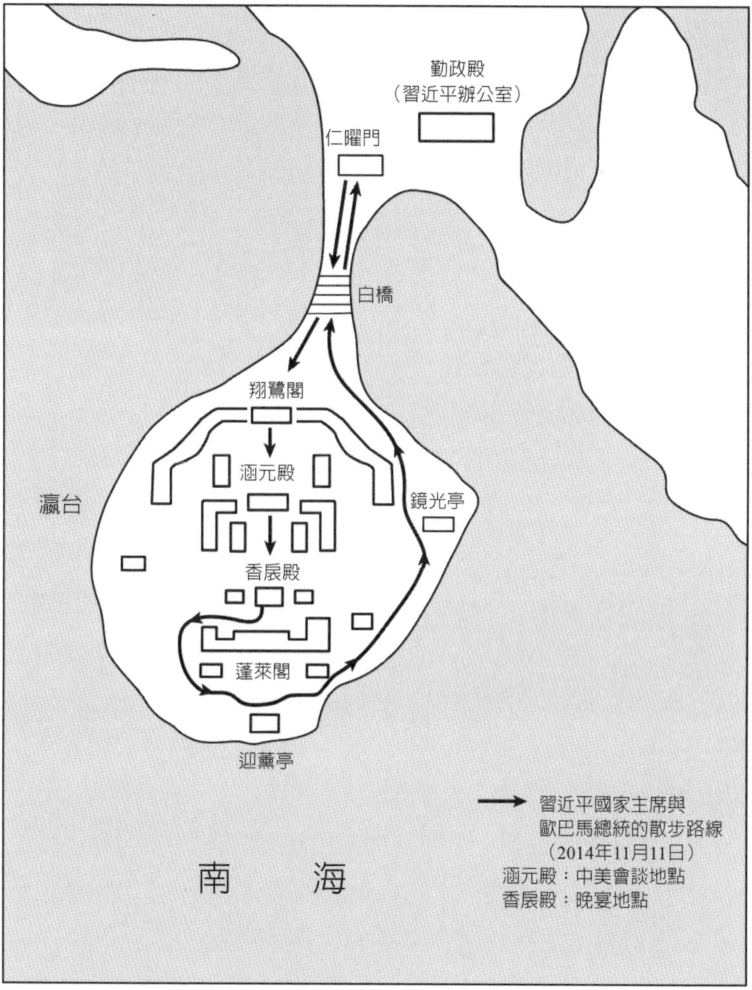

瀛　台

中南海地圖係參考李志綏《毛澤東的私生活》、哈里森·索爾茲伯里（Harrison E. Salisbury）《毛沢東とトウ小平の中国》、京夫子《中南海恩仇錄》、朝日新聞中國總局《紅の党》等書籍中所收錄的中南海整體圖像後，再由筆者親自繪製。瀛台與豐澤園之詳細地圖（第40頁）亦根據上述相關文獻內容，由筆者親自繪製而成。

給中文版的話

拙著《中南海》於二〇一五年出版，繼二〇一六年韓文版上市後，聽聞即將翻譯成繁體中文版，備感光榮之際，也深感責任重大。能有機會將備受矚目、具有神祕感的中國社會狀態傳遞給包含日本在內的亞洲人們一窺究竟，筆者感到無上欣喜。

本書出版迄今已兩年，中國情勢瞬息萬變。特別是二〇一七年十月，舉辦了每五年一次的中國共產黨第十九次全國代表大會，人事方面有了大幅度的更替，習近平也進入第二任期。趁著中文版出版，筆者也以補述方式新增十九大的來龍去脈與結果。

可以預期的是，今後中國內外情勢將會有更大的變化。十九大雖然已經落幕，很快地又將展開下一次、二〇二二年的黨大會人事布局。此外，美國總統川普訪中後，亞洲情勢恐怕會變得更加嚴峻。本書以及補述之內容觀點亦會著墨至下一個五年。期望中文版讀者們能夠不吝給予回饋。

最後在此誠摯感謝決定出版中文翻譯版的台灣出版社——五南圖書，以及有勞從中牽線的岩波書店。期望本書能夠提供一些有益資訊給諸位身在華語圈的人士、協助諸位對中國有更深入的理解。

二〇一七年十一月八日
於香港
正在聆聽美國總統川普訪中報導的稻垣　清

作者註：本書是黨大會之前撰寫，之後有重大變化。

目次

序章　中南海的習歐會

「瀛台漫步」

二〇一四年十一月十一日下午六點半，天色已暗的中南海勤政殿前停了一台大型接送巴士。從接送巴士上下來的是美國的歐巴馬總統，出來迎接的則是中南海的主人——國家主席習近平。兩國元首皆穿著黑色大衣，在低溫寒冷、枝柳搖曳的南海湖畔下，走向會談地點——瀛台的涵元殿。兩位元首身旁各有一位中英語口譯人員，但是卻沒有在進行翻譯的樣子。然而，習近平當然不可能和歐巴馬總統說英文。不諳中文的美國總統只能茫然地聆聽。

中南海曾是皇帝的行宮，現爲中國共產黨與政府（國務院）的所在地，住著一些重要政府官員。

中南海內的小島——瀛台，曾是清朝皇帝的遊憩場所，同時也是一個風光明媚、用來招待外國使節的接待場所。一八九八年（光緒二十四年）六月十一日，光緒帝接受康有爲與梁啓超等人的諫言，正準備著手進行稱之爲「戊戌變法」的改革，慈禧太后（西太后）卻在百日後的九月二十一日發動政變，光緒帝遂遭幽禁在瀛台，變法宣告失敗（戊戌政變）。慈禧太后派人監督連接勤政殿與瀛台的那座橋（白橋），結局是，光緒帝至一九〇八年十一月駕崩之前，整整十年沒有再踏出過瀛台，在正殿——涵元殿中度過餘生。瀛台是這段歷史舞台的背景，而涵元殿現在是招待世界各國元首的國家主席專用迎賓會館。

第一次的電視LIVE直播

APEC元首會議結束後，十一月十一日下午歐巴馬總統開始進行中國官方訪問行程。這是繼二〇一三年六月加州「陽光莊園高峰會議」（該地點並非總統官邸，而是私人招待所）後首次的兩國元首正式會談。

習近平難得不選擇平常使用的人民大會堂，而是選在中南海進行元首會談。這次選擇了中南海當中最具特殊歷史性的瀛台，帶有答謝上次「莊園高峰會」的意味。過去，瀛台雖然也曾舉辦招待海外賓客的宴席，但是像這次用來召開元首會議卻是頭一遭，也是第一次讓會議實況在電視媒體上播放。顯示習近平有多麼重視與美國的外交，並且重視與歐巴馬的私人關係。

從瀛台入口處的仁曜門散步至涵元殿的路程，習近平講述瀛台那些主要建築都是從清代保留迄今，歐巴馬則回應如果想要理解中國，必須先研讀近代史才行。此外，習近平還介紹了中南海的辦公室等處，歐巴馬說：「雖然我也會在白宮內散步，但是白宮沒有像瀛台那麼大」。

在滿月映輝中，兩國元首於涵元殿前拍攝紀念照。上方有著乾隆皇帝題字的匾額。美國記者詢問歐巴馬感想，歐表示：「眞是太棒了！」。

進入會議室的兩國元首，互相介紹已事先抵達的中美雙方出席者。中方出席者有國務委員（外交）楊潔篪、外交部長王毅、駐美國特命全權大使崔天凱、外交部長特助（前北美局長）鄭澤光，也就是說皆爲國務院外交部的官員。另一方面，美方主要隨行人員爲國務卿柯瑞（John Kerry）、總統國家安全事務助理蘇珊·萊斯（Susan Elizabeth Rice）、駐華大使包可士（Max Baucus）。第一次中美會談的特徵是人數極少，且與會者以實務負責的官員爲主。

「私人會議」

該會談爲兩國元首以及隨行官員，褪下領帶的「私人會議」，主要談論兩國皆很關心的國際情勢。根據中國方面的媒體報導，習近平再三強調「新型大國關係」

迫使美國面對此事，而歐巴馬則表示歡迎中國在國際社會上的角色分工，同時也呼籲中美兩國應對促使亞太地區的和平與安全做出貢獻。所謂的「新型大國關係」係指⑴不衝突、不對抗；⑵「相互尊重」核心利益與重大關係；⑶合作共贏，三句話。部分媒體觀察歐巴馬在該會議中並未針對香港情勢做出任何意見表述，若僅從中國媒體來看，則是完全未觸及這個議題。兩國元首於十一月十二日的記者會中，則有針對香港的部分陳述各自的看法意見（容後詳述）。

該次會議從晚間六點半的散步開始，包含會談、非正式晚宴及後續的茶會，原本預計至晚間九點十五分完全結束。然而，原本三十分鐘的會談延遲為九十分鐘，九十分鐘的晚宴延遲為兩小時，三十分鐘的茶會則延遲至一小時，每一項的時程都大幅延遲，據說最後到晚間十一點三十分左右才完全結束。比當初預定的時間晚了近兩個小時。

非正式晚宴於涵元殿南側的蓬萊閣（香扆殿）舉辦，沒有對外公開任何影像。晚餐過後，兩國元首旁伴隨著口譯員，在南海周邊散步，並於南端迎薰亭飲用餐後茶。之後，走過擁有形狀多變岩石的鏡光亭後，歐巴馬於連接瀛台的白橋前方搭上美國總統專用接送巴士返回休憩，習近平也在送行之列，中美元首會議以及非正式晚宴結束。中南海入夜後越來越寒冷，中美關係卻在相當熱烈的狀態下迎接隔天的正式歡迎典禮。

習近平暨中國方面強調在中南海具有歷史淵源的瀛台進行會談與非正式晚宴，足以顯現出與美國關係的親密度。然而，另一方面從習近平的角度來看美國（白宮），美方只是務實地介紹該次放下爭鋒相對、輕鬆的元首會談狀態，連「中南海」、「瀛台」等名詞都沒有出現（十一月十一日白宮的First Sheet: President Obama's Visit China）。

國事訪問

歐巴馬總統第二天的官方行程是在人民大會堂進行繼歡迎晚宴後第二次的元首會談。中國方面的出席者除了昨晚的國務院外交部相關官員以外，習近平方面有中央政策研究室主任王滬寧、中央辦公廳主任栗戰書、國務委員楊潔篪、國家發展改革委員會主任徐紹史等部長層級的人員列席。歐巴馬總統另外還有與李克強總理、張德江全人代（全國人民代表大會）委員長等人進行個別會面，歡迎午宴上還有俞正聲、劉雲山、王岐山、張高麗等四人出席，採取異常的高規格接待。由習近平、李克強等七人政治局常務委員全員共同接待的，目前爲止僅有北韓金日成以及金日正。由此可知習近平有多麼重視這次歐巴馬訪中。

第二天的會談主要針對中美兩國之間的問題。其中，習近平提倡要促進「新型大國關係」與建構「新型軍事關係」、強化高階的對話，並擴大到經濟貿易、軍事、反恐攻、能源、衛生、基礎建設等六大項目提案。此外，也呼籲美國以及相關國家先參與由中國主導設立的亞洲基礎建設投資銀行（Asia Infrastructure Investment Bank, AIIB）。

對此，歐巴馬總統非常重視習近平國家主席的提案，但是並未直接回應「新型大國關係」，僅表示歡迎中國在國際社會上扮演重要角色之意。

此外，兩國亦在促進締結投資協定、能源環境問題、規避軍事衝突（盡早建構可互相聯絡之系統）、氣候變動因應對策、放寬簽證發行條件等具體項目方面交換意見。

會談後的記者會有碰觸到香港問題，習近平表示：「香港爲內政問題，反對各國干涉」、「占中」（占據香港中環地區等）爲違法行爲，原則上香港政府會妥善處理。歐巴馬則表示「希望香港選舉能夠透明且公正地進行」，應該要對「占中」背景有一定的理解，並且注意其對中國的牽制行動。此外，也有提出電腦駭客犯罪以及貨幣相關問題，但是未能達到共識。

中美與中日

本次APEC高峰會議，有共識要盡早實現自由貿易圈，同時在象徵中國勢力抬頭的會議上，亦可看見擔任議長的習近平國家主席所具備的各項領導能力。然而，該會議檯面下的主題其實是中日關係以及中美關係。中日雖進行了「破冰」（打破冰冷關係）行動，但是尚無法樂觀以對。即便如此，仍要透過政治關係的改善，盡早開始推動人事交流、商務交流。考量國內輿論，習近平以僵硬的表情與安倍晉三總理會面，然而等待這次「破冰」行動的不僅是日本。此外，在中美共同記者會上，歐巴馬總統亦表示「樂見中日會面」，本次「破冰」行動受到國際支持的壓力。

習近平強烈盼望中美展開「新型大國關係」而顯現出最大的誠意，但是到了最後仍未獲得歐巴馬總統點頭承諾。歐巴馬甚至提出「rebalance」（重新建構）來牽制中國。再者，雖然在經濟、環境問題等方面取得共識，但是在政治、人權問題等方面的鴻溝仍尚未填妥。對習近平政權而言，在共和黨政權誕生之際與因爲期中選舉敗北、兩年後必定得讓出政權的民主黨歐巴馬總統強化關係，或許反而是絆腳石。對兩國元首而言，這兩年是勝負的關鍵。

習近平的中南海

在中南海這個神祕的空間內，其中最特別的是象徵著中國歷史上皇帝時期的瀛台，如今搖身一變成爲最高階領導人——國家主席接待國內外訪客最高等級的地點。曾在此接受過殊榮接待的有來自美國、俄羅斯、日本，以及台灣的重要人物。

習近平就任國家主席後，第一次在瀛台接待的即是本次的美國總統歐巴馬。該舉動顯示最重視中美關係的習近平中國態度。今後，不知道還有哪位海外官員可以成爲瀛台的座上賓？或許可以說是用來占卜習近平外交方向的一種試金石。

另一方面，習近平的前任主席胡錦濤曾在此接待海內外的學生。特別是二〇一一年還接待過美國芝加哥的高中生（容後詳述），顯示與習近平一樣重視中美關係。此外，接待國內受災戶也足以顯示胡錦濤重視內政的一面。胡錦濤爲了追悼二〇〇八年五月的四川大地震，當時與九位政治局常務委員一同在中南海懷仁堂前默哀。過去連要用影片介紹舉辦政治局會議等重要會議的懷仁堂都是相當難得的事情。

在中南海用最高規格接待歐巴馬總統的習近平，今後還會在國內接待哪些人士呢？胡錦濤時期的溫家寶總理曾說：「中南海大門是向人民群衆敞開的！」，做爲每年三月舉辦全人代（議會）的政府活動報告參考資料，會廣邀計程車司機、出外打拼的勞工朋友、教師等至中南海國務院的會議室，聆聽他們帶來的市場狀況以及對政府的建言。也就是所謂的「市場定點觀測」。習近平提倡幹部們要多去市中心的餐館吃饅頭或是麵食，成爲「與民衆親近的領導幹部」。此外，習近平還強調「中國夢」。對他而言，偉大的「夢」是或許有一天會如同一九八〇年代中南海開放時期，非部分也非暫時，而是完全開放瀛台與豐澤園等處，從諾貝爾得獎的科學家到街道上的清潔員等庶民都可以在南海內乘船遊玩。這也是「中國夢」的一環。

Chapter 1

何謂中南海

第一節　中南海是個怎樣的地方

(1) 中南海簡介

權力的象徵

「中南海」是人工池「中海」與「南海」的合稱，該地點鄰接北京市中心故宮西側。中南海是元、明、清代皇帝的行宮（西苑），從清末到中華民國創立時曾爲袁世凱大總統的總統府。後來，一九四九年十月一日，中華人民共和國建國後，即成爲共產黨中央及中央政府（政務院、後爲國務院）的所在地。

元代，從北京西郊玉泉山引水至市中心，打造出三個池——從北開始依序爲北海、中海以及南海，並且在周邊建築了庭園、住宅、事務所以及各種宮殿、閣樓、門庭。其中，北海從皇宮切割出去，開放爲一般公園。

「中南海」不僅是一個場所的名稱，也成爲象徵權力的政治用語。「進入中南海」意味著「進入黨的最高領導階層」。因此，「中南海」在日本就是指永田町（自民黨等執政黨總部所在地）以及首相官邸，亦可比作美國的白宮、俄羅斯的克里姆林宮。

中南海的面積，以中國的單位計算是一千五百畝（百萬平方公尺），其中有七百畝爲池塘（中海與南海）。總面積爲二十五個東京巨蛋，或是相當於東京迪士尼樂園加上東京迪士尼海洋樂園的面積。

皇家園林

中南海包含一八九八年戊戌政變時，光緒帝遭幽禁的南海小島瀛台、毛澤東所居住的豐澤園、一九七六年十月逮捕「四人幫」等刻印著諸多歷史的懷仁堂、中央書記處執行公務的勤政殿等超過一百四十座各式各樣的建築物，擁有超過兩千個以上的房間。不僅設有共產黨最爲森嚴的辦公大樓（行政辦公區），還有獲選爲「燕京八景」之一的水雲榭、稱爲「園中之園」的靜谷等「皇家園林」（皇帝所擁有的庭園）。

此處可以說是當今現世最富盛名的觀光資源。有時會作爲公園開放、僅限國內人士進入參觀毛澤東故居等處。此外，二〇一一年國家主席胡錦濤曾接待美國高中生至瀛台參觀，但是現在原則上是不對外公開的「神秘空間」。再者，裡面還有歷屆重要官員及其兒女的居住區，官員兒女們會離開中南海通勤到附近的學校就讀。

中南海是政治權力核心，同時也是重要官員及秘書的居住地。重要人物居住區是北京傳統建築形式的四合院。位於四合院北方位置的「正房」是主臥室，東西房間（「東廂房」與「西廂房」）爲客房與餐廳。此外，秘書等的房間則是排列、包圍著中庭。這是最基本的四合院架構。

以毛澤東曾居住、擁有游泳池的那棟建築物爲中南海分界，北爲「國務院區（乙區）」，南爲「黨中央區（甲區）」。

光是這樣「中南海究竟是怎樣構成的呢？」這種單純的疑問恐怕還是無法解決。第一章就先來介紹中南海主要的大門、建築物以及周邊建築物、道路，走一趟中南海探索之旅吧！

(2)進入中南海的五個大門

戒備森嚴的出入口

中南海是黨中央、國務院的所在地，是權力的象徵。要進入中南海雖然相當困難，但是可以藉由在其周邊漫步、透過相關書籍一窺其中奧秘。

進入中南海有好幾個大門，取決於訪客要前往何地，而有不同的進出大門。位於中南海西側、府右街的西門是黨中央建築物的出入口，西北門以及北門則是國務院的出入口。進入時必須在各出入口的守衛室確認預約狀況（訪客預約）並且登記。基本上必須由拜訪目的機關部會的負責人親自迎接才得以進入目的地建築物。中南海的東側、南長街雖然還有個西華門，但是通常無法接近出入口的周邊區域。

據說從中南海到人民大會堂，有一條地下道連接著，但是該地下道僅有政治局常務委員得以使用。不論地下道的傳聞眞僞，進入中南海都必須受到嚴格的檢查，聽說就連毛澤東都必須攜帶入場證件才行。此外，國務院區與黨中央區的往來亦相當嚴謹，必須經過邊境的衛兵（武警）確認。

新華門

新華門是清代乾隆皇帝爲了香妃（來自新疆，於一七八八年逝世，享年五十五歲）所建，當時命名爲「寶月樓」。一九一二年，袁世凱就任臨時大總統，將其改爲「新華門」。現在成爲中南海的象徵，面向長安街，雖然可在門前漫步，但是會發現有的便衣警員全神貫注地警備中，無法跨越一線。此外，大門兩側站有紋風不動的衛兵。樓閣的右側牆壁上掛有「毛澤東思想萬歲」，左側則掛有「中國共產黨萬歲」的標語。除了曾住在中南海的毛澤東會由該門進出，現在國家級貴賓訪問中南海時也都會使用這道門。

流水音是位於南海東邊的一個涼亭，如同文字所描述，水流的聲音彷彿像是在演奏音樂一般，古人便以此命名。位於南長街八十一號門附近，但是這扇門平常是嚴密緊閉的。與流水音相對的建築物是日知閣，有著古老的建築形式，但是又融入了西方的建築手法。從流水音往西走即是勤政殿（容後詳述）。

西門

西門爲黨中央的出入口。經過位於長安街的新華門後，往右轉即可抵達所謂「公車大道」（14號公車）的府右街。稍微再往前走一點，右側即是和新華門很類似的西門。原本以爲大門兩側會掛著與新華門一樣「中國共產黨萬歲」的標語（舊資料上是有的），現在已經看不到了。這裡警備森嚴，不僅有衛兵還有兩位便衣警察站著。大門正面有曾經用來擺放標語的看板位置。想必這裡就是進入懷仁堂或是二〇二別墅的黨中央出入口。

西北門

過了西門，從府右街繼續往北即是西北門。西北門的警備狀況比西門鬆散，僅有武裝警察站崗。然而，大門前方有巡邏警戒備。從大門中間往內瞧，可以看到停車場。大門兩側有辦公大樓，這是國務院的出入口。對面爲府右街派出所，從該處往南有個力學胡同，那裡有個普通飯店——府右街賓館。

西北門正東方處是被稱之爲國務院區地標的紫光閣。西北門對面的住宅爲府右街九十九號，但是看板上寫著湖南省信陽市招待所。從日本的角度來看，就是位於皇居特區的地方政府辦事處，話雖如此卻是相當粗糙的建築物。信陽市爲河南省人口七百八十萬人的地級市，爲一九五八年因毛澤東的大躍進政策，造成超過百萬人大飢荒的「信陽事件」歷史舞台。然而，究竟爲何這裡會有個招待所，實情不詳。

北門

府右街走到底是文津街。在與文津街交叉路口處右轉、沿著牆壁往北海公園方向前進，右側就是北門。這裡也是國務院的出入口。這時沿著文津街的中南海牆壁不再是朱紅色，而是灰色。北門與西北門的警備等級幾乎相同，與西門（黨中央）相比，北門的進出車輛較多。北門附近有許多與國務院相關的建築物。對面是國家圖書館分館，附近還有個高階幹部專屬的娛樂設施「中南海俱樂部」，以及同樣僅限高階幹部使用的三〇五醫院（容後詳述）。

西華門

中南海東側，位於北長街與南長街邊境的是西華門大街，連接著故宮的西華門。這裡是中南海的出入口之一，筆者認爲就是原本的西苑東門。二〇一一年十一月，筆者於北京視察時曾想從西側進入西華門大街，結果發現左側站有衛兵。如果繼續往前，就會引起衛兵注意。

西華門大街附近有個名爲「澤園酒家」的餐館。據說那是一間仿照曾是中南海主人毛澤東故居「豐澤園」的大飯店。然而，與其說它是大飯店，可能用「餐館」來形容會比較貼切。這樣說來，毛澤東的故鄉—湖南省韶山當地以「毛」爲名的餐館相當多，也是類似的典故吧！不論是西北門附近的信陽市招待所，還是這間澤園酒家，都位於權力中樞—中南海附近，但又是一般庶民得以進出的場所，非常具有中國風情。附帶一提，還有另外一間以「豐澤園」命名的餐廳位於北京市中心的前門（天安門廣場南側），是一間以海參料理聞名的高級老店。

第二節　中南海的主要建築物

中南海的主要建築物大多建立於清代（一六四四～一九一二年），隨著皇帝輪替以及時代的變化，各個建築物的名稱與使用方式也有所改變。比方說，後續會介紹的懷仁堂曾是慈禧太后的寢宮，當時稱爲「儀鸞殿」，建國後該名稱即有所變更。豐澤園的正殿是清朝時建立的「惇敘殿」，慈禧太后時期稱爲「頤年殿」，民國以後改爲「頤年堂」。

一九四九年建國後，成立黨、政府總部時，基於「殿」爲皇帝時期的遺物，中華民國時期到共產黨政權時期遂將皇帝時期所使用的「殿」改爲「堂」，一般會用皇帝時期的名稱，直接改爲「堂」（《中南海塵影》）。然而，今日做爲習近平辦公室的「勤政殿」卻是直接沿用舊稱。此外，國家主席接待賓客的地點爲「涵元殿」。

接下來，就依序從北方的國務院區到南方的黨中央區，來看中南海主要建築物的歷史及其特徵。

(1)國務院區

西花廳

西花廳位於府右街及文津街交叉路口旁。解放前爲攝政王府（清朝時期的皇族官邸），建國後做爲國務院（政府）的辦公大樓。之後，成爲周恩來、鄧穎超夫妻的官邸及會議室。現在亦保存做爲兩夫妻的追思紀念館。該處爲中國傳統的四合院，組成周恩來總理的辦公室、寢室、客房等。文化大革命時期曾被迫更名爲「向陽廳」，之後又恢復原本的「西花廳」。

「西花廳」接待過的人數衆多，其中最足以彰顯周恩來總理人品的是接待「末代皇帝」溥儀。一九六〇年一月，周恩來總理曾在西花廳設宴招待從撫順戰犯管理所釋放的溥儀及其親族。該場宴席溥儀胞弟溥傑偕同出席，周恩來總理還向溥傑的夫人—嵯峨浩女士表示歡迎回到中國。

根據周恩來姪女—周秉德女士所述，每年只要到了周恩來夫妻忌日，全家族就會聚集在西花廳，舉辦追思紀念會。附帶一提，西花廳對面爲東花廳，那裡曾是八〇年代國家主席李先念的官邸。

紫光閣

紫光閣爲明代建築物，是中南海四大「閣」之一。曾爲皇帝接見外國使節的地點，也作爲科舉的「殿試」（在皇帝面前的最終面試）會場。建國後，曾作爲周恩來總理的官邸。後續成爲國務院總理以及副總理（包含國務委員）會見外國重要人物時的場地。現在爲中南海之中，外國人得以往來的少數建築物之一，算是國務院區的地標。筆者也曾進入過該棟建築物（請參考第三節）。

紫光閣共有兩層，面積四百三十一平方公尺，一樓有七間房間，二樓有五間房間。位於紫光閣後方的「武成殿」總面積爲一百五十二平方公尺。

一般會從北門進入紫光閣，但是有時也會從西北門進入，再利用二〇二別墅所延伸出去的中海通道。

紫光閣進行會晤時所使用的茶杯與地毯皆爲象徵皇帝的黃色，服務員的制服也是黃色的中式服裝（也有紫色的）。

游泳池棟

眾人皆知毛澤東喜愛游泳。一九六六年七月文化大革命如火如荼之際，中方曾宣傳毛澤東在武漢長江游泳的英姿，在當時還是學生、正開始研讀中國相關事物的筆者心中留下非常深刻的印象。

中南海當中，有室外與室內兩個游泳池連接著。毛澤東的理髮師兼秘書—周福明女兒—元莉，曾在回憶錄《毛澤東晚年生活瑣記》中描述毛澤東所居住的室內游泳池建築物當中設有寢室以及書房兼會客室。

毛澤東於一九六六年八月，移居至中海沿岸的游泳池棟。一九七二年二月與美國尼克森總統會面，同年九月中日兩國恢復邦交之際亦在游泳池棟的書房內與田中角榮首相會面。

毛澤東辭世的前兩個月，也就是一九七六年七月二十八日清晨，發生了唐山大地震，黨中央遂將毛澤東移居至有耐震結構的二〇二別墅。根據周福明的說法，由於毛平時會服用安眠藥，因此即使地震也沒有驚醒過來，秘書與醫師等人遂用擔架將其移出。毛澤東清醒過來後曾說：「這是哪裡？爲何要移動我」，而要求回到游泳池棟。秘書們面面相覷，因此由當年一月因癌症而辭世的周恩來總理接班人，同時亦爲毛澤東指名擔任總理的華國鋒代爲回答：「這是中央政治局常務委員會的決議，是考量主席安全後所做的處置」。

二〇二別墅

每年年底的業務報告，前國家主席胡錦濤會在二〇二別墅（二〇二樓）內與（當時）訪中的曾蔭權（Donald Tsang）香港行政長官（特首）會面。後續接班的習近平主席與國外重要人物會面時通常會選在人民大會堂，但是與香港及澳門兩特首的業務報告則同樣會在二〇二別墅內進行。

從地圖看來位置鄰近毛澤東所居住的游泳池棟，李志綏所著《毛澤東的私生活》（中文版）內所刊載的地圖中也有「二〇二號樓」（英文爲「202 Building」），據說該建築物與游泳池棟的走廊是相連的。此外，根據其他的資料表示，這裡還有前國家主席胡錦濤的辦公室，前國家主席江澤民也會在此與國外重要官員會面，可以說是國家主席專用的辦公室。至於「二〇二樓」的數字，據說是專案（工程）編號，也有情報表示還有另一個稱之爲「二〇一號別墅」的建築物。

即是江青（毛澤東夫人）在「懷仁堂事變（粉碎四人幫）」中遭到逮捕時的中南海自宅，但是詳細地點位置不明。關於江青的居住位置，曾與毛澤東同樣住在豐澤園內，但是文革後，則使用中南海的「二〇一號別墅」以及釣魚台國賓館。一九七六年十月六日晚上，「四人幫」中的王洪文、張春橋、姚文元三人被蒙騙至懷仁堂後遭到逮捕，江青則於「二〇一號別墅」遭到逮捕。

⑵黨中央區

懷仁堂

懷仁堂靠近西門。與前述一樣，明清時期名為「儀鑾殿」，為慈禧太后的寢宮。

一九五九年人民大會堂竣工之前，全國政治協商會議等會議皆在懷仁堂召開。懷仁堂擁有大大小小十個以上的會議室、講堂，是一九六七年二月葉劍英、譚震林等前參謀幹部與陳伯達、張春橋等文革派發生激烈衝突的「二月逆流」，一九七六年十月「四人幫」遭到逮捕，以及一九八九年五月北京戒嚴令發布大會等諸多歷史舞台的地點。現在政治局常務委員會會議、每月一次的定期政治局會議等主要會議也都會在懷仁堂舉行。

豐澤園

豐澤園是一個大院（建築群），其中有可供居住的四合院以及會議室（堂）等。用現在的話來說的話，就是一種複合式的設施。

豐澤園建於清朝第四代皇帝康熙帝時期（一六六一～一七二二年）。從字面上的意義來看，是皇帝「演耕」（帶頭開始進行稻作）的場地，皇帝也經手養蠶。該園內有「惇敘殿」（後來的「頤年堂」）、「澄懷堂」、毛澤東故居「菊香書屋」（皇帝書齋）、「純一齋」、毛澤東享受周末跳舞樂趣的「春耦齋」等建築物，以及「靜谷」等處。

其中，「澄懷堂」曾在慈禧太后時期改爲「含和殿」，之後又更名爲「含和堂」，是全國人民代表大會常務委員長萬里所居住的地點。

豐澤園是中南海的象徵之一，也是中央辦公廳、中央軍事委員會等的辦公室，更是重要官員的居住場所。

豐澤園以及位於其內的毛澤東故居，是中南海中允許開放給特殊受邀的國內訪客或是特殊海外賓客參觀的地點。

豐澤園內有以下這些建築物。

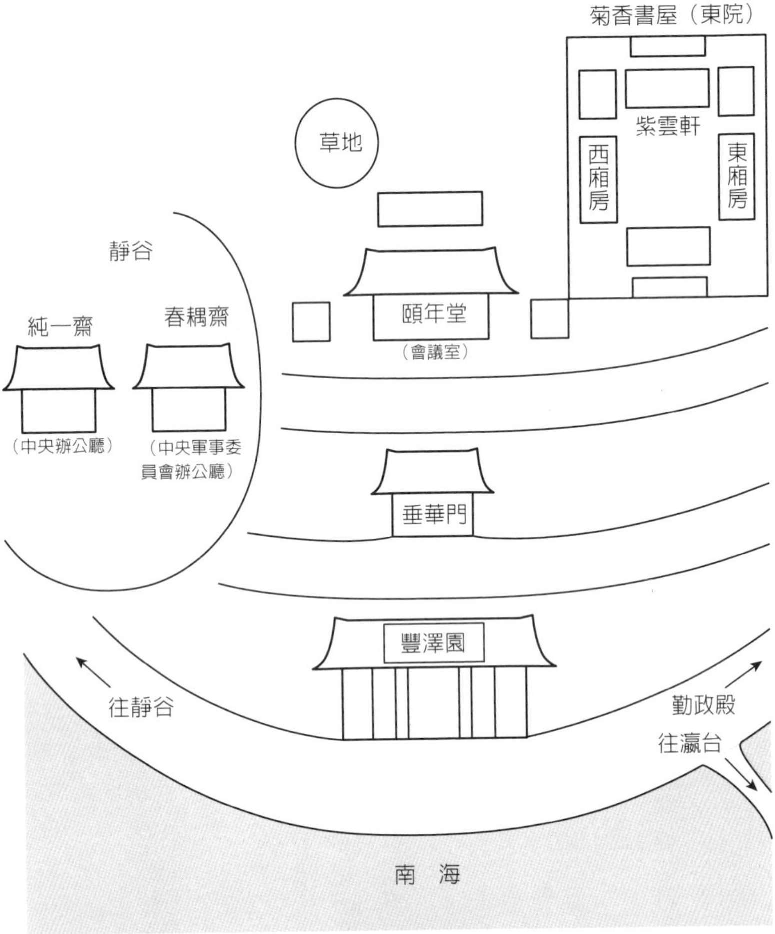

豐澤園示意圖

「豐澤園」由乾隆題字，為一個大型建築群，有許多小型建築物散落於其中。園內稻田以及養蠶用的桑樹繁多。「紫雲軒」共有五間房間。西側為江青的寢室，東側為女兒們的房間，西廂房目前以「毛主席書房」之名留存下來。東廂房也曾作為毛的辦公室（參考王鶴濱《紫雲軒的主人》一書後製成的圖）。

頤年堂

頤年堂是位於豐澤園正中心的建築物，清朝時期曾名爲「崇雅殿」、「惇敘殿」、「頤年殿」，一九一一年改名爲目前的「頤年堂」。這裡自建國以來至一九六六年八月爲止，皆是毛澤東等官員所使用的重要會議地點。一九四九年九月所召開的中國人民政治協商會議第一次會議也是在頤年堂。這座中南海的歷史建築物在正門入口處左右掛有匾額，頤年堂左右掛著的分別是『出山畫』與『煙雨圖』，皆是慈禧太后留下的東西。

此外，頤年堂亦曾是用來接待外國元首的會晤地點。一九五六年時，人民大會堂尚未竣工。當時值得特別提出的是，一九五九年九月毛澤東與赫魯雪夫的會談。該次的元首會談加深了彼此在意見上的分歧，造成更嚴峻的中蘇對立。

菊香書屋

菊香書屋位於豐澤園內，由北京傳統建築四合院所組成，東西南北分別都有家屋（房間）。北側五間房間當中的「正房」即是寢室、書齋。由於入口處匾額上寫著「紫雲軒」，因此曾在此居住的毛澤東亦被稱之爲「紫雲軒的主人」。根據王鶴濱所著《紫雲軒的主人》一書內容，紫雲軒之名是從李白的詩而來。毛澤東的主臥室位於北側，因此從秋天到冬天都不會有陽光照入，必須要點燈，但毛澤東即使在昏暗處仍勤於在菊香書屋內讀書。

菊香書屋原爲皇帝的圖書室。一九四九年九月二十一日，毛澤東移居至菊香書屋，直至一九六五年的八月。現在仍以毛澤東故居之名留存下來。

毛澤東於一九四九年以前居住在北京西郊的香山，隨著黨總部的移動，也被要求住進中南海。然而，毛卻因爲中南海曾爲皇帝行宮而有所抗拒，剛開始曾說：「我不會搬。我又不是皇帝」而拒絕入住，經由周恩來、葉劍英等人遊說後才勉強同意入住。此外，菊香書屋周邊還住有劉少奇、朱德等重要官員。

毛澤東夫人—江青（一九七六年十月六日被捕，一九九一年五月十四日在獄中自殺）的房間位於菊香書屋東側、女兒們（李訥、李敏）則分別在西側的房間。然而，當時的習慣是幹部子弟通常會住在學校宿舍，僅有週末得以回到中南海。

菊香書屋以及紫雲軒都是清朝時期的建築物，腐朽情形相當嚴重。除此之外，每次毛澤東外出時，車子也很難開到門廊下，非常不便。爲此，負有管理責任的中央辦公廳（當時主任爲楊尙昆）以及親信曾提出好幾次修繕改建的建議，毛澤東一直持反對意見，在一九六六年八月搬移至「游泳池棟」爲止都未曾同意。

海晏堂（居仁堂）

海晏堂是西式的建築群，民國以後改稱爲居仁堂。依慈禧太后指示於一九〇四年（光緒三十年）十月動工，耗時三年竣工。與幾個獨立的建築物相連，建國後作爲共產黨重要幹部的住宅。此外，也有中央軍事委員會的辦公室。根據索爾茲伯里著作《新皇帝們：毛和鄧時代的中國》之內容，該建築物共有五層樓，一九五〇到一九六〇年代居住過主堂的人物有：

福祿居——劉少奇（前國家主席）
含和堂——朱德（前全人代委長）
慶雲堂——李富春（前副總理）
永福堂——彭德懷（前國防部長）
來福堂——胡喬木（前書記）
曾福堂——陸定一（前副總理）

勤政殿

勤政殿建於一七〇〇年代的康熙皇帝時期，爲皇帝處理政務的地點。民國初年北洋軍閥袁世凱將其作爲總統府，並設置辦公室。一九四九年十月，中華人民共和國成立後的第一次中央政府會議便是在此地召開。此外，也成爲黨中央書記處辦公執勤的執勤室，習近平的父親——習仲勳也曾使用過。現在大大小小總計有三十間以上的房間，據說包含總書記辦公室（事務所）、中央書記處辦公室，以及習近平黨總書記暨國家主席的辦公室。如果上述這些都是事實，對習近平而言，這即是跨越親子兩世代處理政務的辦公室。

瀛台

瀛台位於新華門正北方的小島。明代稱作「南台」，到了清代才更名為瀛台。這座位於中南海正門－新華門正北方、風光明媚的小島，是清代招待外國使節的地點，或是皇帝盡享歌舞樂曲之處，科舉考試也會在此舉辦。根據古老的文獻記載，中秋節時皇帝也會在此賞月、吃月餅。

如同序章所述，一八九八年六月十一日，光緒帝聽從康有為等人的意見，欲進行「戊戌變法」的政治改革，但是九月二十一日卻因慈禧太后發動政變（戊戌政變），將光緒帝幽禁在瀛台，戊戌變法宣告失敗。慈禧太后監視著連結勤政殿與瀛台的白橋。結果是，光緒在瀛台內待到一九〇八年駕崩為止的十年間都未能再步出瀛台，在正殿的涵元殿度過餘生。

瀛台中的香扆殿與蓬萊閣，在建築上是「殿閣合一」的建築物，北側為香扆殿，南側為蓬萊閣。現在仍作為接待外國重要人物時的宴會場所。

如前所述，毛澤東健在時，與外國元首會面往往會選擇豐澤園內的菊香書屋或是靠近國務院區的游泳池棟。毛使用瀛台的紀錄，除了一九四九年建國時招待全國政協委員時舉辦宴會以外不復見。毛曾說：「我又不是皇帝」，並且拒絕進入中南海，然而諷刺的是，毛卻是在中南海內居住時間最長的人。即便如此，毛還是會刻意避諱使用曾是皇帝用來休憩用的瀛台。毛以後的黨總書記、國家主席與瀛台的關係還會在第三節中詳述。

第三節　中南海的參訪活動

與李鵬總理會面

一九九四年九月，筆者身爲三菱集團訪中團（團長爲三菱商事董事長諸橋晋六）的一員，因爲要與李鵬總理、李鐵映國家經濟體制改革委員會主任會面，曾二度進入位於國務院區的紫光閣。

與李鵬總理會面時，由於前一團的自民黨代表團會面時間有所拖延，所以比當初預定的時間稍晚，我們只能在旁邊的小禮堂（電影院、可容納七百人、領導幹部專用、布告欄上寫著預定上映的香港電影）等待。筆者偷溜出去，正想在中海閒晃時，卻遭警備人員發現，只好垂頭喪氣地回到等待室。所以，筆者只好在等待室向接待人員詢問重要官員的居住情形，最初他們回答：「沒有人住在這裡」，後來又立刻訂正爲：「不清楚」。雖然已明確知道毛澤東等重要官員過去曾居住在此，但是目前並無法確認其他官員的居住狀況。

在與李鵬總理會面時，筆者仔細觀察接待的桌子、茶杯、便條紙、鉛筆等，完全沒有找到上方印有「中南海」的物品，於是無法留下任何曾進入中南海與紫光閣的證據與紀念，相當扼腕。

曾受邀至「皇帝會館」瀛台的人

僅有皇帝得以使用的「黃色」是皇帝專屬的顏色。中南海及釣魚台國家賓館內所使用的餐具卻都是「黃色」，宴會服務人員的制服也是「黃色」。在涵元殿舉辦的中美會談，餐桌上都擺著「皇帝專屬顏色」的杯盤。

毛澤東以後的歷任國家主席及總書記，都會使用瀛台作爲與世界重要官員會面及宴會的場所。一九八〇年六月，當時的總書記胡耀邦在瀛台與南斯拉夫駐北京記者會面（會面情形收錄於先前提到的寫眞集《中南海》一書）。此外，一九八四年三月曾在瀛台設宴款待日本中曾根康弘總理。後續還會再詳細敘述，曾在中南海接待過最多海外朋友的人應該非胡耀邦莫屬。這也成爲其後續失勢下台的一大要因。

一九八九年天安門事件後，就任總書記暨國家主席的江澤民於二〇〇二年卸任總書記、二〇〇三年亦因國家主席任期屆滿而辭職。任職期間雖然曾使用人民大會堂作爲會晤的地點，但是宴會場所方面則大多使用瀛台。一九九五年九月江澤民邀請惠普公司（HP）創辦人大衛・普克德（David Packard）一家人來訪。HP於一九八三年江澤民擔任電子工業部長時期，曾是決定進出中國市場的先驅者，素來與江澤民有較親近的關係。與HP的會晤與宴會，和這次歐巴馬總統一樣，都是在涵元殿及香扆殿（蓬萊閣）舉行。

「世界三大男高音」也曾到訪

歷任總書記・國家主席當中，在瀛台接待最多外國重要人物且領域最多元的則屬江澤民。他喜好音樂、自己也愛唱，二〇〇一年六月，他邀請「世界三大男高音」（何塞・卡雷拉斯、普拉西多・多明戈、盧奇亞諾・帕瓦羅蒂）至涵元殿舉辦宴會暨音樂會。

江在二〇〇三年將國家主席位置讓給胡錦濤，但是依然保有中央軍事委員會主席的地位。挾其頭銜之姿，於二〇〇四年七月邀請美國國務卿康朵麗莎・萊斯（Condoleezza Rice）（曾任美國國家安全顧問，後擔任國務卿）至瀛台進行會晤。江也在同年九月，將最後的公職身分——中央軍事委員會主席地位讓給了胡錦濤，雖然是「完全卸任」，但是之後在各種場合仍顯示其活躍於檯面上。二〇〇八年八月曾邀請俄羅斯總統普丁（Vladimir Putin）、二〇一〇年九月邀請日本福田康夫前總理至瀛台參與宴會。江卸任後仍經常使用中南海。

江澤民接班人胡錦濤一般都會利用人民大會堂作爲接待場所，宴會也會在釣魚台國賓館，鮮少使用中南海以及瀛台。然而，如同前述每年年底業務報告時，與訪中的香港及澳門特首會面則會使用二〇二別墅（國家主席專用會議室），當今在位者習近平也承襲此一習慣。

胡錦濤曾有接待海外重要人物的歷史。曾於二〇〇五年四月接待過台灣國民黨主席連戰賢伉儷及主要隨行官員。當時台灣爲民進黨執政，國民黨並非執政黨。然而，在瀛台與國民黨主席會晤及舉辦晚宴，已在今日兩岸關係發展契機上有了劃時代的突破。此外，同年五月，胡也邀請台灣親民黨主席宋楚瑜至瀛台。再者，二〇〇八年八月，也曾在瀛台設宴款待前來參觀北京奧運的美國布希總統一家人以及俄羅斯總統普丁等，在任期內，接待了這四位海外官員。

國家主席親自接待「小小使節」

能夠受邀至瀛台的不僅是國外的元首。國家主席也會邀請海內外「小小使節」前來參觀這個歷史的舞台。

二〇〇八年五月，四川省發生大地震。死亡人數超過六萬人，大幅超越二〇一一年三月死亡人數達一萬五千人的東日本大地震。遭遇地震災害的孩童當中，有些即將前往俄羅斯接受治療康復的兒童，二〇〇八年七月十六日胡錦濤國家主席出動兩台遊覽車招待這些孩童到中南海參訪。胡錦濤於當日上午十點半，自主席辦公室的勤政殿離開，徒步走在這次習近平與歐巴馬總統漫步走向瀛台的白橋上，前往兒童們等候的瀛台南岸的迎薰亭。在那裡再次與某位少女重逢。少女詢問：「主席，您記得我嗎？」，胡主席回答：「當然啦，你就是那位地震後直接到避難所，一邊打點滴還一邊念書的那位嘛！」雙方很開心能再次見面。兒童們與胡錦濤拍攝完紀念大合照後，便前往毛澤東主席故居─豐澤園等處參觀，在興奮的情緒中參觀完中南海。

三年後的二〇一一年七月十五日，胡錦濤主席在瀛台接待美國芝加哥佩頓高中一行人。該學校是同年一月胡錦濤初次正式官方訪美活動時拜訪過的高中，該學校熱心於中文教育，於校內併設孔子學院（由中國政府設立的中文暨文化教育機構）。該校師生一行人受到主席親自導覽的特殊待遇，現場情況也在中央電視台播放。

中南海自一九七二年尼克森總統訪中以來，即是守護中美關係發展的場所。中美關係是以一九七一年四月名古屋乒乓外交爲重大發展契機，這些受邀至中南海的美國高中生當時當然尚未出生。然而，這些「九〇後」（一九九〇年代出生的）

學習中文的高中生，將來或許會成爲中美關係的橋樑。胡主席將相當厚重的寫眞集《中南海》一書當作紀念品送給他們一行人。胡說這是市面上買不到、非常特別的禮物，請務必好好欣賞（一九八一年新華出版社發行的寫眞集《中南海》爲公開出版版本）。

從江澤民、胡錦濤等歷代國家主席所接待的海內外賓客類型即可一窺彼此的個性。江澤民重視外國賓客，自詡爲「現代皇帝」。與江澤民比較起來，較爲內斂的胡錦濤則重視海內外的小小使節、喜歡扮演親民形象的「現代皇帝」。

接棒在江澤民、胡錦濤後的習近平在過去兩年內招待的賓客，只有二〇一四年十一月接待的歐巴馬總統。強調「群眾路線」的習近平雖然比歷代國家主席更願意公開中南海影像，但是卻鮮少與人民往來。希望大家著眼於今後的政績。

第四節　中南海周邊的主要建築物

(1) 人民大會堂

中國的國會

天安門廣場西南邊的人民大會堂是爲了紀念一九五八年中華人民共和國設立十周年所建立的十大重要建築物之一（於一九五九年竣工）。十周年紀念建築物還有釣魚台國賓館、軍事博物館、歷史博物館、北京車站、工人體育館、全國農民展覽館、民族文化宮、民族飯店、華僑大廈。

人民大會堂是中國的國會（日本方面稱之爲國會議事堂），南北長三三六公尺、東西寬二〇六公尺，建築面積爲十七萬一千八百平方公尺。除了會議室、宴會廳等還有以三十一省市區命名的房間（廳，日本稱之爲「間」），像是廣東廳、西藏廳，甚至還有台灣廳、香港廳。香港廳於一九九七年回歸後重新設置。

人民大會堂用於政府接待、歡迎海外賓客等典禮，以及國家領導人與外國重要人物會晤。幾乎都是依領導人喜好決定會晤地點（各省的房間），胡錦濤經常使用西藏廳，習近平經常使用新疆廳。毛澤東曾經在北京廳進行會晤及作爲辦公室使用，甚至也會在此過夜。此外，鄧小平經常使用福建廳。使用哪一間房間雖然會依會晤的人數不同而有所調整，但是皆具有政治意味。

因文革而被鬥垮的國家主席劉少奇，最後與毛澤東會面是在一九六七年一月十三日，地點是在人民大會堂的北京廳。劉少奇深夜被叫來談話，夫人王光美與長男劉源（二〇一五年時爲人民解放軍總後勤部副部長、上將）等孩子們皆期待著毛是否可以指示紅衛兵解除對劉少奇的批鬥，一心盼望著會有好消息出現。然而，劉少奇立刻被送至河南省鄭州，直到病逝。這是否是毛澤東的意思，亦是文革的一大謎團。

人民大會堂除了全國人民代表大會（全人代）舉辦時期外，皆對外開放，可依循一般參觀路徑參觀召開黨代會（中國共產黨全國代表大會）及全人代的「萬人大禮堂」、大宴會廳以及部分地方（省市區）廳室。附帶一提，參觀費爲三十元人民幣，館內附有照相館，可以拍攝紀念照。

人民大會堂是一棟刻劃著自建國以來無數歷史痕跡的建築物。在一九七〇年代文革時期，毛澤東與外國重要人物會晤時皆使用人民大會堂，也擁有自己的房間（福建廳）。

會場的辨別方法

中國雖然有衆多的會議與會晤會讓電視媒體等報導，但是場地都沒有固定，（只會寫「在北京舉辦」）。會議、會晤地點可能會在人民大會堂、中南海（懷仁堂與紫光閣較常使用）、京西賓館、釣魚台國賓館、中央黨校等。

會場辨別方法方面，筆者會注意到的是牆上的圖畫或是風景、桌子的配置、服務人員的制服顏色等。比方說，黨中央的政治局會議每次都會在中南海西門附近的懷仁堂舉辦，牆上的圖畫是水墨畫、桌椅爲棕色。此外，國務院進行遠距視訊會議時，大會議室的背景圖畫是萬里長城。召開常務會議的第一會議室背景爲水墨畫。此外，在服務人員的制服顏色方面，人民大會堂是紫色、中南海的紫光閣是黃色、京西賓館則是粉紅色的。更深入觀察就會發現總理、副總理在接見國外重要人物時，紫雲閣所使用的杯子是皇帝的顏色——黃色。釣魚台國賓館的盤子等也大多是黃色的。因此，可以藉由影像畫面中會議室的備品、背景圖片、服務人員的服裝等分辨出電視上正在開會的地點。

與谷牧副總理會面

一九八一年七月，接到中國對外貿易部國際貿易研究所（此爲當時名稱，現在改爲商務部國際貿易經濟合作研究院）的邀約，三菱綜合研究所訪中團（包含高

人民大會堂（2007年3月　攝影：稻垣）

人民大會堂中的遼寧廳（2007年4月　攝影：稻垣）

雄靖社長、筆者等四名）前往人民大會堂與當時的谷牧副總理（負責對外經濟）會面。當時的會面地點是在哪一個廳（房間），筆者已不復記憶，只記得當時指示我們從南門進入。因爲我們住在釣魚台國賓館，搭乘的是當時最高級的車，也就是中國製的「紅旗汽車」，司機已經計算好開到人民大會堂的距離以及會面的時間，所以用相當緩慢的速度進入長安街。路上幾乎沒有車輛，是現今無法想像的事情。剛好在會面時間的兩點整，我們抵達南門入口處與中方握手。

訪中之前，由接待單位——對外貿易部國際貿易研究所邀請我們訪中並安排會面時，就已經決定好要跟「負責對外經濟的副總理」會面。從當時的中日關係來看，該次會面剛好是在中國單方面取消寶山建設事件之後，中國方面或許想要透過三菱綜合研究所的牽線，傳遞一些訊息給日方。光是如此，當時與谷牧副總理的會面就相當具有話題性。當時副總理應該有針對取消合作的國內原因做一說明，但是迄今仍鮮明的印象是在廣大會議室（廳）內的冷氣聲音非常大，副總理以冷氣爲例回答我們：「中國的技術還只是這種程度而已，需要貴國的技術協助」。

此外，知道將與副總理會面時，便立即透過北京特派員友人準備在我們抵達北京後舉辦記者會，這些都是事先照會過的事。地點就在釣魚台國賓館，由社長發表與谷牧副總理的會談內容，並進行問答。隔天的報紙上雖然僅有小篇幅報導，但是幾乎上了各大報。

二〇〇九年十一月，筆者在香港書店發現《谷牧回憶錄》，帶回家當天就接到了谷牧的先生的訃聞。這或許是冥冥之中注定。由於谷牧先生對中日經濟的貢獻受到認可，於二〇〇九年秋天授勳。典禮時間在他辭世之前，當天無法親自出席日本大使館的授勳儀式，筆者還想說或許是因爲谷牧先生年紀大了，沒想到就接到了他的訃聞。

(2) 京西賓館

軍事會館

京西賓館是位於北京中心西側的軍事會館，爲人民解放軍總參謀部所屬的飯店，也是各個會議與地方官員的住宿地點。每年年底的中央經濟工作會議以及一年一度的中國共產黨中央委員會全體會議（簡稱：中共中央全會）等皆在此地召開。是僅次於中南海、人民大會堂，用來舉辦重要會議的地點。

此棟建築物並未當作一般飯店對外開放，但是爲了出席國務院發展研究中心舉辦的座談會，筆者曾在此住過三次。飯店外並沒有招牌（別稱：「八・一賓館」，八一爲中國人民解放軍建軍節），警備人員會在入口處確認身分，無法搭乘計程車

解放軍飯店　京西賓館（2012年12月）攝影：稻垣

入內。從入口處到賓館只能用步行的。會議出席者（領導幹部）得以乘車進入。值得一提的是以往車牌上印有「京西」的公務車幾乎都是德國的福斯汽車，最近增加不少國產車（「紅旗」）。

第十一屆三中全會

京西賓館的建築物共分爲三棟（東樓、西樓、會議樓），「會議樓」可以說是一個迷你人民大會堂。

一九七八年十二月十八日起至二十二日爲止，中國共產黨第十一屆中央委員會第三次全體會議（第十一屆三中全會）於京西賓館第一會議室召開。三中全會中提出了「對內改革、對外開放」，第一會議室見證了這個歷史性的決定標語。

除此之外，京西賓館中還有可容納一千三百人的禮堂、六十間大小不同的會議室。各棟出入口皆有二十四小時的警衛哨，警備相當森嚴，沒有入館證者不得入內。服務人員的制服基本調性為粉紅色，但是主任層級則為紺色。京西賓館各棟建築之間皆有連接，從東樓到西樓的迴廊設有商店與餐廳。此外，會議樓內還有理髮店、高級香菸販售店、服飾店等。順帶一提，理髮店剪髮為二十元人民幣（包含洗頭、剃鬍，釣魚台國賓館內的剪髮為一百元人民幣）、湖北省生產的高級香菸「黃鶴樓」一箱六十元人民幣（九百元日幣）。

住宿設備

京西賓館的房間雖然稱不上豪華，但是整理得相當乾淨。

西樓（四百六十二間房）與東樓（五百四十九間房），每間客房的擺設都是相同的。一張雙人床、兩張沙發、懷舊風情的茶壺與茶、桌上放有日曆、鉛筆座以及各大報。不知道是否因為是軍事會館，電話線的插座相當多。有一個小冰箱，但是裡面什麼都沒放。浴室僅有蓮蓬頭（東樓、西樓曾經有浴缸）。衛浴品牌為「TOTO」，該有的基本上都有，但是沒有附刮鬍刀。這裡是召開中央委員會全體會議、中央工作會議期間，地方幹部的住宿地點。國內人士的住宿費用不明，先前座談會時一晚爲五百元人民幣（約一萬日幣），算是相當合理的價位。

西樓與東樓內有二十間餐廳。筆者僅在東樓的餐廳內吃過自助餐，絕對稱不上是好吃。飯店的導覽簡介上還有一人三百元人民幣到一千元人民幣的宴會料理可供選擇。

另一棟則設有書店。與一般書店不同，這裡的特色是可以在此購買到軍事相關、毛澤東、周恩來等人的傳記，以及中南海相關的書籍。

(3) 釣魚台國賓館

中國的迎賓會館

釣魚台國賓館是中國的迎賓會館。名稱的由來是金朝第六代皇帝—章宗（一一八九至一二〇八年在位）曾在該地池塘設置釣魚場。總面積爲四十三萬平方公尺（十個東京巨蛋大），池塘和周邊後來被清乾隆皇帝納爲皇帝私有庭園—皇家園林「玉淵潭」，建築物與人民大會堂等相同，爲紀念建國十周年的十大建築之一，建於一九五九年。

然而，原本的迎賓會館在文革時期幾乎都成爲「四人幫」的據點，中南海爲其次據點，這裡也曾設有司令部。同時，有一段時期也因爲文革而成爲中國歷史上的悲劇舞台。

一九七六年十月「四人幫」遭到逮捕後，釣魚台國賓館恢復成爲迎賓會館。如同前述，一九八一年七月，也是三菱綜合研究所訪中團在北京兩晚時的投宿飯店。此外，一九九四年九月，三菱集團高階代表團訪中時，曾在養源齋、八芳苑、十五號樓等處參與會晤與宴會。當時，十五號樓內的商品販售部有販售釣魚台國賓館內所使用的餐具（「釣魚台紀念品」）等。然而，二〇一一年三月再次拜訪時，已經改建成爲兩間非常漂亮的商品部，商品變成僅是印有「釣魚台國賓館」商標的高價酒、香菸、餐具等。後來，二〇一三年八月，睽違三十年再次入住，筆者一人在庭院裡四處遊覽。

釣魚台國賓館除了是世界元首正式訪中時的住宿地點（十八號樓爲總統套房），我們這次住的十七號樓曾是六國針對朝鮮半島問題進行協商的國際會議地點。園內共有十七棟樓（當初爲十五棟，後來追加兩棟，沒有一號樓跟十三號樓），實際可以提供住宿的是二、三、九、十七、十八號樓，八芳苑及其他樓僅用於會議或是宴會。各棟樓都有二十間左右的房間，共計四百間房間。

附近還有一間「釣魚台大酒店」（hotel），雖然是連鎖飯店，但是跟迎賓會館完全不同。二〇一三年訪中時，每天都要從市中心搭乘計程車到「釣魚台」，三次告訴司機：「到釣魚台」，三次都會開到「釣魚台大酒店」。大概除了筆者之外，會搭乘計程車前往釣魚台國賓館住宿的前無古人後無來者。

對釣魚台國賓館的回憶

印象中，一九八一年七月，三菱綜合研究所時期投宿的地點應該是接近北門的三號樓。如果沒記錯的話，那棟樓因爲很接近十八號樓，所以當有元首級人物入住時，三號樓通常就會作爲隨扈人員的宿舍。當時北京的高級飯店僅有北京飯店等，而且很難確保會有房間。訪中之前，中方接待單位—對外貿易部國際貿易研究所表示：「僅有釣魚台國賓館有房間。但是必須一次租下一整棟樓才行」。最後我們雖然並不需要負擔一整棟樓的費用，僅收取各個房間的費用，但是當時社長、常務理事的房間爲一千五百元人民幣（依當時匯率，接近二十萬日幣），其他兩張單人床的房型爲五百元人民幣（即便如此，一人還是要七萬五千日幣）。印象中房間雖然舊式，但是豪華、寬敞，房間的小冰箱內還放有非當季的荔枝。

在人民大會堂與谷牧副總理會面後，在釣魚台舉辦記者會。記得當時爲了要讓日系各家報社的特派員進入迎賓會館，光是車輛登記等就相當嚴格。此外，也被要求必須從接近宿舍的北門進入會場。主筆記者搭乘其夫人開的車進入。由於當時要進入迎賓會館相當難得，幾天後聽聞夫人當時還特意在園內兜風。

宴會所使用的場地是御苑內的養源齋，這是一間很有歷史的餐廳。一九九二年，紀念中日恢復邦交二十周年，日本天皇、皇后兩陛下訪中時，中方曾設宴於養源齋。最近一次是二〇〇七年十二月，福田康夫總理訪中時，也作爲胡錦濤主席歡迎宴的場地。偕同出席的福田總理夫人，還帶回一個由景泰藍（七寶燒）製作而成的特製菜單作爲紀念。二〇一四年三月，美國第一夫人蜜雪兒．歐巴馬總統夫人及女兒接受習近平國家主席夫妻邀請，於養源齋餐敘。

闊別三十年，再次投宿

筆者於二〇一三年八月二十二日起入住了兩晚。距離一九八一年那次住宿，闊別了三十年。這次經指定住在十七號樓，是曾經作爲六國會談場地而聞名的地點，二〇一一年三月曾前來參觀過。本來以爲這裡是會議樓，沒想到竟然也可以住宿，是一棟擁有寬廣大廳與會議室的住宿大樓。此外，這裡也有販售釣魚台紀念品的商店。

很開心能在住宿地點與北京的朋友們一起聚餐。在豪華的客房一同享用難得一見的菜色。停留的第二天，筆者早晚都在庭院內散步，看看每一棟樓與御苑。當時，牙買加的首相也住在那裡，筆者離開後隔一天，也就是二十五日新加坡總理李顯龍也住了進去。藉由世界重要官員的往來，中國外交就這樣圍饒著釣魚台國賓館不斷地向外擴大。

然而令人意外的是，中國一般庶民也可以進入園邸內參觀，也可以攜家帶眷一起入住。

更誇張的是，據說現在只要能拿得出錢就可以使用，但是這裡的住宿費用是一般旅館的一．五倍以上，恐怕想要使用也不是那麼容易，能夠使用的人們應該非「富」即「貴」吧！

第五節　重要官員居住區

中國重要官員的居住資訊恐怕是列爲「國家機密」，不得對外公開。過去政治局常務委員、副總理以上的高階幹部一般都居住在中南海內，再隨著政治失勢、卸任等原因而離開中南海。在這之後，應該都是住在北京市內的胡同、萬壽路周邊，以及郊外的玉泉山等處。關於現役幹部的居住地點幾乎無人知曉，不過，還是有一些耳語傳聞。讓我們試著跟隨幾個傳聞，一探這些重要官員居住區的究竟。

東交民巷

位於長安街南邊的東交民巷曾是戰前的大使館街，前日本大使館現在是北京市委員會以及北京市人民政府所在地。曾有日本橫濱正金銀行（前東京銀行，現在爲三菱東京ＵＦＪ銀行）以及日本郵局。解放後，成爲外交部管轄的「市內迎賓會館」，有十四、二十一、二十三、二十四、二十五號賓館等，後來作爲外國企業的辦公室或是重要官員住宅。

筆者曾在一九八〇年代兩度到訪，曾經住在十四號賓館，記得房間寬敞豪華足以匹敵釣魚台國賓館。後來得知這裡成爲柬埔寨諾羅敦·施亞努國王在北京的住處。現在仍是門禁森嚴，外人不得進入。

一九九〇年代初期，筆者曾住過二十一號賓館。後來曾以「紫金賓館」之名開放成爲日本石油公團辦公室，現在則是國務院參事室（前門東大街十一號）。

二十三號賓館曾是戰前的美國大使館，解放後由日本的前日本輸出入銀行等進駐。此外，近年來也曾有義大利餐廳以及法國餐廳進駐，但是現在僅剩一間雲南餐廳，其他建築物雖然也開放作爲辦公室等使用，但是卻沒有進駐者，相當蕭條。二〇一五年三月，到北京出差時，與朋友一起在雲南餐廳內用餐。食物相當美味，店內氣氛也很棒，但是價位並不清楚，因爲當天是由住在北京的外國朋友買單。

據說二十五號賓館，在一九七六年時曾經作爲華國鋒主席的居住地點。華國

位於文津街的北海公園入口（2007年4月　攝影：稻垣）

北海公園瓊華島白塔（喇嘛塔）（2007年4月　攝影：稻垣）

興建於後海旁的宋慶齡故居（2011年3月　攝影：稻垣）

鋒先前是住在王府井附近燈市口的四合院內。該四合院後來成爲副總理紀登奎（政治局委員）的住處，目前該家族仍居住在該處。

什剎海

北京有「六個海」。北海、中海、南海、後海、前海，以及西海。每一個都是皇帝及其皇族所居住或是離宮出巡時的住所。其中，北海現在開放作爲市民公園。中海及南海則不用多說，即爲黨、政府所在地的「中南海」，一般人無法進入。前海、後海、西海（統稱什剎海），爲重要官員居住的一個角落，這裡有曾任國家副主席的宋慶齡等前領導人的故居，且對外開放。周邊有餐廳、寺廟、古早味的商店等，是外國人相當喜愛的景點。

據說前海「柳蔭街」曾有個規定，該地設定爲曾任副總理以上高官退休後的居住區，但是後來卻有擔任石油工業部長的人物入住，因此推測可能只要有國務院部長資歷者（日本爲大臣等級）即可居住在此。

竹園賓館

從後海徒步十分鐘即可抵達的竹園賓館（Bamboo Garden Hotel），曾是清朝末期郵政大臣盛宣懷的私人官邸，也曾在淺田次郎《蒼穹の昂》中出場過，是伺候慈禧太后的宦官安德海的別墅（花園），建國後爲王萌泰、馬漢三（民國時期的民政部長）、中國共產黨領導人董必武以及康生的官邸。一九八二年開始成爲對外經營的賓館，現在是一個受到外國人特別喜愛的四合院式賓館。

建國後的一九五二年至一九五九年，曾作爲董必武前國家副主席的官邸。當時，竹園賓館的占地面積爲七千六百五十平方公尺，沒有孩子的董必武夫妻覺得住起來過於寬敞，所以將其中的五千平方公尺設立爲文化部幼稚園。然而，二〇〇九年時歸還給文化部，重新開張成爲新的「竹園賓館」。

董必武後的接班人是康生。說到康生，盡是一些不好的形象（「邪惡天才」）

他是毛澤東的秘書，是公安（特務）頭子，是與江青等人並列的文革領導人之一。根據描述康生的半輩子故事的《龍爪毛澤東背後的邪惡天才康生》（岩波現代文庫）書中內容，一九六二年到一九七五年間，康生將竹園賓館當作私人宅邸。那段時期，康生與江青等人皆爲文革派，亦將釣魚台國賓館八號樓當作辦公室兼自宅使用，竹園當時用來飼養一些禁養的狗，以及作爲鑑賞骨董美術品之用的場地。

康生與竹園的關係亦有在哈里森·索爾茲伯里所著《新皇帝們：毛和鄧時代的中國》書中提及。筆者曾於一九八四年住過竹園，經調查發現康生曾經將犯人們帶往竹園內不停嚴刑拷打。索爾茲伯里曾介紹位於竹園中庭內用來行刑的洞窟，但是筆者於二〇一二年住宿時，已經找不到任何殘存的痕跡。

南羅鼓巷

位置接近北京市西鼓樓，也很靠近「茅盾故居」及「友好賓館」。是一個可以用「老北京」來作爲象徵的胡同，最近開了許多名產店、小酒吧、旅館等，變成了熱門的觀光景點。

二〇一四年二月二十五日，是北京市內PM二·五霾害最爲嚴重的一天。當天午後，有位領導人在霧霾壟罩的南羅鼓巷內舊胡同走著。他是國家主席習近平。主打「軍民融合」旗幟的習近平主席，於二〇一三年底在北京市內的庶民餐廳與一般民衆一起排隊吃著饅頭套餐。這次爲了與市民交流，而先在周邊視察。現今仍飄散著一股懷舊美好時代氣氛的南羅鼓巷附近還有一個「末代皇帝」溥儀與婉容居住過的四合院。

同年十一月，筆者出差北京時暫住在該街邊一角的胡同客棧「七號院」。那是一間由四合院所改造的客棧。後來得知那裡曾是石炭工業部長的官邸（石炭工業部因二〇〇二年國務院改革，依省廳重組政策而廢止，現爲石炭工業局）。

後圓恩寺胡同

位於東城區後圓恩寺胡同的「友好賓館」，於一九二八年至一九四八年爲蔣介石在北京的行轅（行營）。一九四九年解放時，成爲中國共產黨華北局的所在地，後又作爲南斯拉夫駐華大使館。現爲中國人民對外友好協會所擁有的建築物，最近以「友好賓館」之名開始經營。再者，建築物內曾有北京最早的日本料理店，也就是創價學會所經營的「白雲」。是一間曾坐落於這清幽胡同裡的日本料理店。

筆者曾於一九八五年投宿在這間旅館，品嘗過「白雲」從大連運送至此地的新鮮生魚片。然而，二〇〇八年睽違多年後再訪，卻已經失去當年的風味，客人也只有我們而已。

根據二〇〇九年的香港新聞，這間友好賓館成了習近平的自用住宅。筆者立刻試著致電給旅館以及「白雲」，但是都無人接聽。二〇一〇年十二月，筆者直接造訪。沒想到大門緊閉，一位看起來像是管理員的人告知該旅館以及「白雲」都已經停止營業。宅邸內部看起來荒廢已久，實在不像是習近平的自用住宅。外面雖然掛有「中央國家機關特別招待所」的招牌，但是從這荒涼的情景看來，恐怕那抬頭也僅是虛設。也沒有任何人前來探訪隔壁的「茅盾故居」。

前國家主席劉少奇夫人—王光美的著作《我與少奇》中提及當時曾在這後園恩寺住過一陣子，薄一波也曾住在這裡。薄一波晚年將玉泉山作爲自宅。二〇一二年因「重慶事件」而失勢下台的前重慶書記暨前政治局委員薄熙來是薄一波的次子。

萬壽路

中國重要官員所擁有的自宅似乎都分散在中南海以外，也就是市中心的胡同、萬壽路周邊等處。其中萬壽路新六所，是一九五〇年代由黨中央所興建的六層樓建築物，當時的五大常務委員，也就是毛澤東、劉少奇、周恩來、朱德、任弼時一家一棟，剩下一棟留給相關職員使用。毛澤東偶爾會住在新六所一樓。此外，據說也曾是任職機要秘書葉子龍的自宅。然而，毛澤東自一九五九年以後，就再也沒有來過。

玉泉山

玉泉山位於北京西郊，以往是皇帝的修身養息的地方。如文字所示，據說是「有溫泉湧出的地方」。解放後，成爲軍事機構、會議室、重要幹部的住處，一九七六年十月發生「懷仁堂事變」時，曾在這裡舉辦政治局會議。重要幹部居住區是從一號館至四號館，一號館爲毛澤東的住處。此外，在「懷仁堂事變」中擔任重要角色的葉劍英軍事委員會副主席曾將玉泉山當作司令部。從薄一波的回憶錄等也可得知玉泉山爲高階幹部卸任後的「中南海」。

與玉泉山同樣位於北京西郊的西山，則因是軍事幹部居住區而廣爲人知。據說葉劍英曾住在這裡的十五號館。因一九七六年四月「第一次天安門事件」而失勢下台的鄧小平避難地點據說就在西山的二十五號館。

北戴河

北戴河距離北京兩百八十公里、是朝向渤海灣的河北省避暑勝地。每年夏天，中國重要官員習慣聚集在該地避暑，正好藉此機會研議秋季時的政局等。從此之後，所謂的「北戴河會議」即富有政治意味，能否從「北戴河會議」中取得情報對於「中國觀察」（China Watcher）也帶有相當大的意義。

二〇〇二年掌握政權的胡錦濤曾說要取消「北戴河會議」，但是情報顯示目前仍持續進行中。一九九七年以前，鄧小平還健在時，按照慣例在該段時期訪問北京的外國重要人物若需要與中國元首會面，必須前往北戴河，但是最近已經取消這個規定。

北戴河的重要官員居住區和釣魚台國賓館類似，都是獨棟的建築物（號樓），每位官員會配給一定的單位。一號樓據說曾是毛澤東的住處。這之後應該不是指定給黨主席，不然就是留給總書記使用的建築物吧！此外，北戴河不僅是重要官員的避暑勝地，也是一般庶民的避暑勝地。然而，在該段時期，部分重要官員居住區是禁止進入的，外國人也不得靠近。據說談論重要人事議題的「北戴河會議」會議備忘錄，連想從垃圾桶裡撿都是一件非常困難的事。

第六節　中南海周邊漫步

漫步胡同，看見現在的中國

筆者每次造訪北京都有固定的觀測地點。主要會在中南海周邊觀測，其中一個就是北京的傳統胡同（日本所謂的橫丁）。所謂胡同「起源要追溯到元朝」、是指

「一步即可從大街道轉進去的小巷弄或是秘徑」（加藤千洋，《胡同の記憶——北京夢華録》，岩波現代文庫）。二〇〇八年北京奧運前後，北京街道有了大幅度的改造，但仍留有很多的胡同。

二〇〇九年四月，筆者走進北京中心的王府井胡同。那裡除了私人住宅外，還有一些小型的香菸販售店（兼賣水果）、文具店或是麵店等。某張看板順勢映入了眼簾，那是一張北京市發展改革委員會所張貼的「撤離命令」，是爲了都市再開發，該胡同兩年後將會撤除的通知。其他的傳單也很有趣。寫著「注意宵小」。以往這附近，即使大門不上鎖也完全不用擔心，但是現在根本不可同日而語。這些現象彰顯了治安惡化的情形。

從王府井大道往西進入胡同，在一間高級汽車的展示館前，看到了蘭州拉麵的招牌，趕緊進入查看，發現是一間僅有兩張桌子的店面，由來自西域的夫妻倆所經營。一碗麵十元人民幣。詢問他們的狀況後表示：「雖然最終還是要離開，只要還能努力我們就會繼續」。然而，一年後筆者再度造訪，卻已經完全沒有了蹤跡，進入都市再開發階段。不知道那對夫妻到哪裡去了呢？

繼續往前走一百公尺、經過故宮，就會抵達黨、政府所在地的中南海後方。用東京來比喻的話，就是皇居護城河岸價格最高的土地。在這裡發現了一間小型的到府清潔員介紹所。筆者曾聽聞上海富裕階層會聘用到府清潔員，現在就連北京也出現了這樣的需求，讓人強烈感受到大環境的改變。這樣說起來，的確有發現清晨的北京也開始出現遛狗的人們。反映出此地豢養寵物的風潮。在胡同與街道漫步時，總能像這樣一窺現今中國的眞實面貌。冬天的胡同雖然蕭瑟，卻忠實訴說著中國的現況。

地下鐵故事

還有一個固定的觀測地點是地下鐵。筆者最近到北京時，都會儘量搭乘地下鐵或是公車。雖然也會遇到交通阻塞等特殊狀況，但是因爲路線快速拓展，相當方便且便宜，一律兩元人民幣（約三十元日幣）（二〇一三年時廢除固定費用制度，現在會依距離而有不同的票價）。再者，透過地下鐵車廂內的情形以及車窗也可以看見現在的中國。比方說，地下鐵車廂內會有人行乞，這是在中國特有的情形。不僅是北京，上海、廣州也都會有人在地下鐵車廂內行乞。相對於以往幾乎所有乘客都會無視於乞討的行爲，最近卻有許多人會掏出零錢。在搭車休憩片刻的時間點，同時也能體會到中國人實際在生活狀態上的變化。

胡同裡的「注意宵小」、「交通壅塞」、「外出掙錢」、「到府清潔員」、「乞討」等現象都可以在西方社會看到，卻是在四十年前（一九七四年）初次訪中時無法想像的。當時即便也有「宵小」與「乞討」，但是至少不會讓我們這些外國人看到。伴隨著中國都市化腳步加快，創造出到府清潔員等新興雇用機會，同時也造成住宅、教育、醫療等各種社會問題。

胡錦濤政權欲實現「和諧社會」（矯正落差），現在習近平政權則以「富國強兵」或是「實現中國夢」（提升生活富裕程度）爲目標，問題是在經濟運作上是否有考量到這些位於社會底層的受薪階級以及職業狀況。這些都與中國社會的穩定度息息相關。

府右街

府右街恰巧等同於中南海從南到北的距離，慢慢走約需二十分鐘。光是府右街就有三個門，還有好幾個出入用的小門，到西門爲止的牆壁是紅牆（朱紅色的牆）。從對面開始步行，會連續遇到設有步兵哨的建築物。「府右街一三五號」並沒有招牌，但其實那是中國共產黨中央委員會黨統一戰線工作部辦公室。「六十五號」也設有步兵哨，想必應該也是政府機關部會所屬的建築物。再繼續往前走，有個自忠小學。這裡曾是中國民國軍人張自忠將軍的故居。府右街有14號公車運行，走到底即是與文津街的交叉路口。

文津街

從府右街的交叉路口往右轉就是文津街，左側的大馬路是西安門大街。沿著文津街右側牆壁前進，會走到中南海北門。那是國務院的出入口，繼續往東邊前進，就會抵達北海大橋。有座橋可以橫渡北海與中海，舊稱為「金鰲玉蝀橋」。二〇〇七年十二月，筆者走在該座橋上，將相機瞄準中南海時，立刻就受到武裝警察的警衛制止。即便如此，筆者還是忽視他們的攔阻、拍下了照片。柵欄內的那一方就是中海，內側的建築物想必就是紫光閣。

北長街

從北海大橋的路口往右轉，那一條就是北長街。沿著街道是綿延不絕的牆壁，遇到幾個大門幾乎都是緊閉的。內側是中海東岸，有個香蕉園。看到一個「北長街七十五號」的地址，但是厚重的大門深鎖。想必也是重要幹部的居住地點。根據某項資料顯示，這裡曾經是前副總理陳雲的自宅。據說陳雲先前也住過豐澤園北側的居仁堂，或許是搬過好幾次家。

南長街

「南長街一號」這個地址，據傳是胡錦濤的住處。雖然確實有地址門牌，但是大門依舊深鎖。根據前述索爾茲伯里《新皇帝們：毛和鄧時代的中國》一書的描述，該地址曾經是胡耀邦的自宅。的確很有可能是總書記的官邸，後來再由接任總書記的胡錦濤承接。繼續往前走，有一間大門的門牌上寫著「南長街七十九號」，無法窺視其中一二。然而，在南長街中南海的對面自古以來即有許多胡同與商店綿延。

三〇五醫院

文津街的交叉路口處有一個醫院的招牌。建築物實際坐落於文津街往北的草嵐子胡同。三〇五醫院，正式名稱爲「中國人民解放軍第三〇五醫院」，由於位置相當接近中南海，因此是中央重要幹部（高階幹部用）的專屬醫院。一九七六年一月八日，周恩來總理在此病逝。

西安門大街二十二號

從府右街、文津街的交叉路口往左彎的那條路即是西安門大街，該處有個警備森嚴的大門。雖然不是中南海大門，裡面卻是國務院相關部署進駐的建築物。筆者於一九九四年九月拜訪過曾是國務院智庫（Think Tank）的國務院發展研究中心。該中心已搬入前外交部大樓（東城區朝內大街二二五號），現在這個地點由國務院

重要幹部專屬的三〇五醫院（2009年10月　攝影：稻垣）

國家事務管理局等國務院直屬機關部會進駐。

第七節　主要政府部門所在地

主要機關部會位於中南海外側

如前所述，中南海北側爲國務院區，據說該處有總理、副總理以及國務委員（副總理層級）的辦公室、會議室、接待室或是秘書層級的住處，其他各個機關部會則幾乎都在中南海外側。

除了國防部之外，國務院

的二十五個主要政府機關部會地址都是公開的，該處也都掛有正式的招牌。區域大多集中在中南海周邊的西城區，西城區可以比喻成是東京的「千代田區」或是「霞之關」。二十五個機關部會中，國家發展改革委員會等部分建築物爲舊式建築，其餘皆改建爲現代化的建築，中南海周邊具有歷史背景的建築物（「王府」）大多由中國共產黨相關組織所使用。

挾著天安門，東邊爲東城區，西邊爲西城區。由長安街連接著這兩區，同時也以天安門爲界，將長安街劃分爲東長安街與西長安街。

商務部（前對外貿易經濟合作部）一直以來都位於北京飯店對面的東長安街，以往周邊很有多的機關部會及國有企業，但是東單以東的地區現在已經布滿了商業大樓。另一方面，由於西長安街也相當靠近中南海，是一條充滿著機關部會的街道，西城區則爲金融街，聚集了金融、證券等相關機關與企業。

其中，爲了彰顯威勢，公安部以及國家安全部在長安街東側、天安門廣場東側豎立了不甚討喜的巨大建築物。

外交部的新大樓也相當醒目。聳立在朝陽門交叉路口上的圓形建築物看起來像是一間大型飯店，象徵著中國國際地位正大放異彩。同樣位於朝陽門的前外交部大樓內則有國務院發展研究中心等國務院相關團體進駐。

此外，朝陽區建國門外是許多外國大使館林立的區域。然而，大使館街最近開始分散在朝陽區內各處，像是日本大使館搬遷到朝陽區亮馬橋地區，那邊已有法國等大使館。

政府智庫

社會科學院雖然非屬政府單位，但卻是中國少數的智庫之一。總部位於建國門外，但是日本研究所則位於東城區張自忠路的段祺瑞執政府舊址。這是一九〇六年所興建的西式紅磚、木造建築物，迄今仍在但是已腐朽嚴重，二〇一五年三月參觀時，到處都在整修。一九一二

段祺瑞執政府舊址，現為社會科學院日本研究所（2015年3月5日　攝影：稻垣）

年袁世凱就任中華民國臨時大總統時，曾把總統府及國務院設置在此。此外，一九三七年中日戰爭時，華北駐屯軍總司令部也設置在此。這裡原本是清朝第四代皇帝康熙帝第九子—允禟的宅邸以及清朝第五代雍正帝第五子弘晝的和親王府。

隨著近代化風潮快速發展，北京的歷史舞台逐漸消失，即便承受過劇烈的歷史風霜，說實話身處於至今仍保存下來的、具有歷史性的建築物內，仍可讓人感到心情放鬆。這座具有歷史性的建築物基本上都是開放的，雖然有警衛駐守，但是大門隨時敞開，也可以開車進入。

中國共產黨、政府機關部會建築物的區分方法

一部分與黨相關的建築物是沒有招牌的。相反的，政府機關部會幾乎都有招牌。區分方法方面，首先外觀沒有招牌、有衛兵（武裝警察）駐守、門扉看起來很沉重，還有五星紅旗飄揚，絕對就是與黨相關的建築物。國務院相關的建築物，除了有招牌這件事外，其餘條件都跟黨建築物相同。但是仍有部分國務院直屬機構是沒有招牌的，這部分就會比較難以區別該建築物是與黨相關還是與政府相關。軍方機關方面，則設有「軍事重地，請勿進入」的看板。

和黨比較起來，政府機關部會幾乎都有明確的地址，所在地也設有招牌，外國訪客應該可以直接進入會面或洽談才對。然而，到哪裡都一樣，外國人其實還是無

法直接見到想要會面的人。必須向衛兵提出護照等身分證明，由守衛室傳達給會面對象，由對方前來迎接才可進入辦公室。

Chapter 2

中南海的現代史

第一節　毛澤東的中南海

(1) 決定進行乒乓外交的毛澤東

中南海的住戶

一九四九年九月，與國民黨的內戰獲勝，毛澤東的中國共產黨掌握政權。當時，黨總部還不在中南海。

十月一日，在天安門登高一呼、宣告中華人民共和國建國的毛澤東，當時還未住進中南海。

紀錄顯示一九四九年解放當時的中南海，還是一片狼藉。中南及南海堆滿了汙泥，大肆清除的結果，汙泥甚至需達百台自動傾卸車之譜。周恩來與葉劍英（當時的北京市長）力勸毛澤東住進中南海，但是由於並非適宜立即可居的環境，必須先從中南海的大掃除開始做起。然後，爲了說服毛澤東，周恩來先住進了豐澤園。

然而，最不可思議的是，毛澤東後來究竟是何時住進中南海的，坊間有各種說法。湖南省長沙毛澤東紀念館內的解說銀幕表示，毛澤東是在一九四九年十二月移居至中南海。不過後續看到的文獻中有的寫一九四九年三月，有的寫九月，衆說紛紜。

一九五〇年代，於中南海所拍攝的照片中，大多是毛澤東與周恩來等人親密的對話情形。寫眞集《中南海》是以毛澤東所居住的豐澤園的菊香書屋等爲主題進行編輯，內容也包含頤年堂的會議、一九五九年六月與蘇聯首相赫魯雪夫的會談等。建國後沒多久，到六〇年代初期爲止，是中南海短暫的平穩時期，算是在六〇年代後半文革運動席捲之前短暫的「中南海之春」。曾抗拒住進中南海的毛澤東，成爲一輩子的「中南海住戶」。

歷代重要官員中，到臨終前都住在中南海的僅有毛澤東、周恩來．鄧穎超夫婦。然而，周恩來最後是在「三〇五醫院」過世的。周恩來死後，鄧穎超繼續在中南海的住處——西花廳度過晚年。

乒乓外交

「從中南海出發」的等同於黨、政府的聲明是毛澤東所發出的決定，也可以說是「毛澤東司令」。在此介紹一件筆者親身經歷過的逸事。

一九七一年三月二十八日，筆者搭乘新幹線。目的地爲名古屋。爲了去參觀當時正在舉辦的世界桌球錦標賽。個人雖然對桌球沒有太大的興趣，但是還是想親眼確認所謂的「乒乓外交」（Ping Pong Diplomacy）。

文革後初次參與國際賽事的中國隊與美國隊之間進行了小型的交流，以此爲契機，美國隊實現了訪中的願望。美國隊之所以能夠訪中是因爲該年七月亨利・季辛吉（Henry Alfred Kissinger）秘密訪中、十月中國恢復在聯合國的席位、一九七二年二月尼克森總統訪中、一九七九年一月中美建交等一連串的關係，這些與中國相關的國際關係以及中美關係一百八十度的大轉變，成爲國際上的重大新聞。

最終裁決、接受美國隊訪中的人是毛澤東。當時毛澤東每晚都要服用安眠藥，一九七一年四月六日晚上，毛澤東雖然意識矇矓，但最後還是在美國隊離開日本、正要返美之際點了頭。「假設」一詞雖然是歷史上大忌，但是假設毛澤東的意識沒有恢復，假設護理師當時沒有聽清楚毛澤東所講的話，「乒乓外交」就不會成立。中國代表團希望接待美國隊到北京的要求，外交部很早就予以駁回，但是同時也向周恩來報告，周恩來又交由毛澤東進行裁決。

毛澤東表達對美關係重修舊好的訊息是發送了一張一九七〇年國慶日當天毛澤東與愛德加・史諾（Edgar Snow）在天安門所拍攝的照片，然而當時美國並沒有認眞地看待這項訊息。不過，因爲毛澤東的果斷在「乒乓外交」下而有了後續的發展，後來還有季辛吉秘密訪中以及尼克森總統訪中。中美牽線的貢獻者——史諾卻沒能親眼確認尼克森總統訪中，因爲史諾在那之前的一九七二年二月十五日即已離世。

(2) 連SS都無法進入的毛澤東・尼克森會談

一九七二年二月二十一日，在寒風呼嘯中，美國總統尼克森專機——空軍一號從晴朗的冬季天空降落至北京機場。總理周恩來與中央軍事委員會副主席葉劍英前往迎接從專機走下來的尼克森總統賢伉儷。抵達的情形直播至全世界，當時還是研究生的筆者也看了電視。據說當時在中南海內日夜顛倒的毛澤東反常地詢問祕書關於尼克森的抵達時間。然後，等不及就直接指示讓尼克森前來與之會面，當時還沒有手機這種東西。無法與前往機場的周恩來取得聯絡，因此尼克森總統一行人便直接從機場至釣魚台國賓館。

尼克森總統抵達釣魚台國賓館十八號樓（總統套房樓）後，周恩來便傳達了「毛主席想見您」的訊息。於是剛放下行李，爲了與毛澤東會面，只好又立刻起身前往中南海。隨行的僅有尼克森訪中的牽線者美國國務卿季辛吉以及後來成爲駐華大使的美國助理國務卿溫斯頓・洛德（Winston Lord）兩人。根據《キッシンジャー回想録中国》（岩波書店）的內容，會面地點位在毛澤東的書齋（游泳池棟），不允許特勤局（Secret Service）人員隨行。根據中國的文獻，ＳＳ僅能在附近的建築物（有一說是在懷仁堂，但是距離游泳池棟有一段距離）內待命，於是那一瞬間出現了美式說法「總統行蹤不明」的情境。此外，尼克森遞出了一張沒有頭銜的名片給毛澤東，但是美國方面的文獻並未記載。尼克森究竟爲何要遞出那張名片呢？

(3)中日元首會議——讓毛澤東等待的田中角榮

尼克森訪中結束七個月後的一九七二年九月二十五日，日本田中角榮首相也到訪中國。當天北京天氣晴朗，日本航空專機上的鶴翼圖案光彩奪目。與尼克森訪中時相同，在北京機場迎接的是周恩來與葉劍英。尼克森總統一抵達，就立刻安排好了與毛澤東的會面，但是與田中首相的會面卻是臨時安排，田中被迫中斷用餐，趕往中南海的毛澤東官邸。當初，中國方面僅指名與田中以及大平正芳外務大臣兩位會面，但是田中要求內閣國務大臣（官房長官）二階堂進必須隨行。此外，中方不同意日方事務性人員以及警護人員隨行。二階堂進回憶錄《日中国交秘話　中南海の一夜》（收錄於《大平正芳政治的遺產》）中有介紹當時的情形。

「進入中南海的大門後，繼續往內行駛，會看到一棟古老的木造建築物，車子就在該處停下。那裡是毛主席的辦公室。毛先生站在玄關處等待我們。大家就在該處「哎呀，您好啊」地握手寒暄，田中開口的第一句話是：「請借一下廁所」，因而先被導引入內。毛先生就一直在該處等到田中回來。接著我們被帶到一間有非常多書籍、非常多抽屜的房間（以下省略）」。

根據中日雙方的資料，一九七二年九月二十七日晚間八點，與毛澤東這場歷史性會面的通知相當臨時。然而，周恩來是否有前往田中所住的釣魚台國賓館迎接，有兩種說法。也無法確認二階堂所說的「中南海大門」究竟是指哪一個門。可能是「新華門」，也有可能是「西門」。此外，「古老的木造建築物」應該就是指「游泳池棟」，「房間」則是當年與尼克森總統會談時所使用的書齋。

田中與毛澤東打招呼時順道借廁所的小故事，除了在二階堂的回憶錄出現過，中國方面的文獻並沒有記載。恐怕是考量到詳細描述政府元首的舉止動作實在過於失禮。跨越國際外交最棘手的部分後，田中心情愉悅地在宴會上暢飲茅臺酒。接著，由於毛澤東聽聞前幾天關於侵略中國的「困擾說」爭論（認爲日方用「給您帶來困擾了」的道歉方式太過草率，因而受到中國方面的激烈抗議），所以一開口就說：「已經停止爭論了嗎？」，接著便直接開啓中南海的中日元首會談。

(4) 晚年的毛澤東

中日元首會談結束後的毛澤東直至一九七六年底爲止，皆致力於在中南海「游泳池棟」的書齋進行與海外元首的會面工作。一九七四年五月二十五日與前英國首相愛德華·希思會面時，住院中的周恩來總理也偕同出席。事實上，那次是周恩來罹癌住院後，最後一次協同毛澤東出席。當時經指名爲周恩來接班人的鄧小平，以及「四人幫」之一的黨副主席王洪文也都偕同出席。

那段時期的毛澤東臉部還很有表情，從照片看起來也很有精神。一九七四年九月，他生前第四十四次拜訪湖北省武漢、號稱「湖北中南海」的東湖賓館，與菲律賓總統夫人伊美黛·馬可仕（Imelda Romuáldez Marcos）會面。此外，十月時也還可以移動到故鄉湖南省，在長沙與丹麥前首相會面。當時鄧小平也偕同與會，但是並沒有看到王洪文的影子。那段時期剛好也是毛澤東或周恩來與「四人幫」的暗鬥時期。

然而，觀察一九七五年後與外國元首會面的情形，照片裡的毛澤東病情看起來明顯惡化（杜修賢攝影，《毛澤東最後七年風雨路》等）。即便如此，還是完成了同年十二月與美國福特總統（Gerald Rudolph Ford）的會面，以及一九七六年二月與美國前總統尼克森闊別四年的重逢。到了這時毛澤東已經沒有辦法像一九七二年二月尼克森戲劇性訪中時那般有精神可以進行哲學辯論。但是，這場會面還是長達一小時四十分鐘。

一九七六年是中國歷史上最嚴峻的一年。一月八日周恩來總理逝世、七月六日全人代委員長朱德逝世、七月二十八日唐山大地震。接著，九月九日巨星毛澤東殞落。

當時，筆者印象最深刻的報導是中國政府於一九七六年五月二十七日與巴基斯坦首相布托（Benazir Bhutto）會面後特別發出聲明表示「毛澤東主席今後不會再與任何外國元首會面」。毛澤東病情已經惡化並且即將離世，大家都已心裡有數。而且，在逝世前兩個月，政治局會議決定遵照毛澤東的遺願，送他回到故鄉湖南省，原本預計將於九月十五日以空中運輸方式移動（無法以鐵路方式移動）。然而，遺願最後還是落空，毛澤東於九月九日上午零時十分，享年八十二歲，結束這一生。

第二節　悲劇的國家主席劉少奇與中南海

(1) 劉少奇一家的悲劇

一九六六年文革啓動前，處於國家主席位階的劉少奇自一九四九年以來一直住在中南海內。居住地點移動過幾次，最初是在靜谷內的卍廊（萬字廊），接著是西樓，最後是福祿居。劉少奇一家有其夫人王光美、六位子女、王光美的母親等人，在重要幹部當中算是特別大的家族。不過，較大的兩位孩子當時在蘇聯留學。

一九六六年，曾有親子一起漫步於中南海的照片。劉少奇和王光美夫妻倆牽著最小女兒小小（劉瀟瀟）的手開心地散步著。那是文革襲擊劉少奇一家人悲劇發生的前一晚，是他們最後的喘息時間。中南海也掀起了文革的風暴，造反派對劉少奇的攻擊毫不手軟，一九六七年九月，王光美遭到逮捕，孩子們被迫離開中南海，僅有劉少奇留在中南海。

對患有糖尿病的劉少奇來說，紅衛兵持續、毫不間斷的追擊，使其病情也隨之持續惡化。再者，由於造反派的阻撓，也讓他無法受到醫療相關人員妥善的治療，最後被送至河南省開封，於一九六九年十一月十二日逝世。享年七十一歲。文革時，幾乎所有的國家領導人都成爲紅衛兵以及其背後主腦江青（毛澤東夫人）、康生等文革派的攻擊對象。與劉少奇同樣的情形，前國防部長彭德懷也在被批鬥後，因爲無法在醫院獲得充分的照顧而死亡（大腸癌）。

王光美的母親（董潔如）也遭到逮捕，死在獄中。那段時間，在家族離散、彼此無法掌握對方消息的狀況下，僅有歲月不停地流逝。對劉少奇一家人來說，清朝時期爲了慈禧太后六十歲生日而興建的「福祿居」，並不是「能帶來福祿」的居住地。

二〇〇九年五月，筆者前往湖南省長沙出差時，造訪了毛澤東與劉少奇的故居。相對於毛澤東故居的參觀者絡繹不絕，劉少奇故居就顯得清閒許多，參訪人數也較少。雖然已經恢復名譽，但劉少奇與毛澤東在歷史上的評價卻有非常明顯的差異。毛澤東與劉少奇是同鄉，最後會面（一九六七年一月十三日）時，毛澤東建議劉少奇：「好好學習，保重身體」，但是紅衛兵的攻擊並未趨緩，劉少奇的狀況更加嚴峻。當時毛澤東所給予的建言是文革之謎，亦是歷史謎團。

(2) 王光美與翠明莊賓館

改造成日本風的翠明莊賓館

二〇一二年三月，北京出差之際，筆者投宿在翠明莊賓館。地點接近故宮。該賓館的名稱曾出現在王光美的傳記內，一九七八年王光美獲釋後曾短暫居住於此。爲了確認該段事實，筆者該次特意投宿在翠明莊賓館。

翠明莊賓館是一間頗具風格的中式建築，英文名稱爲Jade Garden Hotel，館內主色調爲綠色，整間飯店顯得靜謐沉穩。館內各處皆展示著翠明莊「興衰榮辱」的歷史照片與展示板。一九四九年解放時，這裡曾是中共軍的駐留地。後來成爲中央組織部的招待所，一九九九年起開放爲一般飯店，供國內外旅客使用。

然而，有些事實未能藉由展示板述說出來。離開賓館時，偶然取得一本《翠明莊》（黨建讀物出版社）的解說書。據此得知一九三七年七月「七七事變」壓制華北的日本軍於一九三八年一月進入北京（當時稱作「北平」）、設置駐屯軍司令部。於是，軍人、商人等大舉入京。「翠明莊」亦爲日本軍所接收，做爲高級日本旅館使用。一九四一年日本發行的《北京案內記》中，曾將「翠明莊」介紹爲一間高級旅館。住宿費用從「七元日幣到三十二元日幣，比起其他旅館高出將近三倍。

話說回來，「三十二元日幣」這個標準大約是當時大學剛畢業、擔任銀行行員薪水七十元日幣的一半，就可以知道這裡是多麼的高級。

魯迅的至交好友——歌手也是詩人的土屋文明曾經投宿在此。根據土屋撰寫的旅行遊記中描述「這是北京市內最高級的日本飯店，女將末吉友江女士是《短歌中原》的同好」。

不知道現在「翠明莊」的歷史介紹展示板上爲何沒有日本統治時期的介紹，不過「翠明莊」是日本人將中式建築物改造成爲旅館後才開始經營的。話說回來當時的房間數爲四十一間，現在有一百二十二間。

出獄後的王光美

一九六七年九月王光美於中南海遭到逮捕，十一月被送入北京的秦城監獄。家人們無從得知她的行蹤，長男劉源直接向毛澤東投訴，直到一九七二年九月，闊別五年後母子們才終於在監獄重逢。然而，又耗了六年的歲月，母子才得以互相擁抱。

王光美出身名門，亦是具有強韌精神力量的黨員，懷抱著總有一天會與孩子們重逢的信念，持續鍛鍊身體、熬過獄中生活。結果在獄中生活了十二年，等到王光美接受「改革・開放」的決定後，好不容易才在一九七八年十二月二十二日被釋放。出獄後，最初入住的宿舍是中央辦公廳招待所（現在爲金台飯店），後來才搬至這間翠明莊賓館。當時的中央組織部長爲胡耀邦，給予王光美諸多照顧。終於在此實現與孩子們團聚的願望。

對王光美來說，翠明莊有她三十二年前的回憶。一九四六年當時因擔任中共軍事代表團口譯員之一而駐留在此，是啓動其新生涯的地點。

畢業於北京名校——輔仁大學（現北京師範大學）物理系碩士班的王光美，推翻了原本要去美國留學的決定，轉做地下運動。之後擔任中共軍的英語口譯，而被派遣至翠明莊駐屯地。當時的司令員是葉劍英（後擔任北平市長、軍事委員會副主席）。如果王光美當時眞的去美國留學，中國的歷史或許會有重大的改變。王光美出獄後重新以此處作爲起點，或許是因爲回想起這段歷史的緣故。

二〇〇三年十月，王光美第三度訪問翠明莊，那也是最後一次。晚年在子孫們圍繞下過著幸福的日子，二〇〇六年十月十三日逝世於北京三〇五醫院，享年八十五歲。

第三節　周恩來與西花廳

(1) 周秉德眼中的周恩來

周恩來、鄧穎超賢伉儷並沒有子嗣。據說兩人領養了幾個孩子。擔任國務院總理與全國人民代表大會常務委員長的李鵬聽說就是其中一名養子，然而並沒有李鵬與周恩來夫妻在中南海一起生活的紀錄。

與周恩來夫妻住在一起的是親姪女——周秉德（二〇一四年時為七十二歲，前全國政協委員）。周秉德從十二歲起就住在中南海，是家族中唯一能近身觀察周恩來夫妻的人。二〇〇七年四月，透過朋友的關係在北京與她見面。《我的伯父周恩來》作者周秉德女士從少女時期就

周恩來姪女周秉德女士（2007年4月，於北京貴賓樓，正中間的女性為周秉德，左側為筆者）

是美女，而且是足以顯現其家庭教養的摩登婦女。

周秉德女士的父親爲周恩來胞弟——周恩濤。她是父親周恩濤與母親王士琴所生六個兄弟姊妹中的長女，也就是周恩來的姪女。畢業於天津的小學，由於希望國中能到北京念書，所以由伯父周恩來做爲保證人，以眷屬身分住進周恩來官邸，也就是中南海中。在中南海當中與毛澤東的女兒李訥、李敏感情相當要好，也與生前的毛澤東見過幾次面。周秉德女士十二歲時即自行從中南海家中通車至北京師範大學附屬女子中學，在中南海住了十五年，一九六四年與軍人沈人華結婚後，移居西安。她以親屬的身分守護著周恩來，同時也是毛澤東及中南海歷史的見證人。

周恩來夫妻的生活樸實。每當秘書想要更換舊毛巾，或是想要趁總理不在時更換房間內地毯，周總理總是會嚴厲訓誡秘書，因爲他認爲沒有必要，或是自己要出更換的費用，不希望浪費公帑。一九六〇年代的周恩來的薪水爲四〇〇・八元，夫人的薪水爲三四七・五元，合計約有七五〇元，然而當時國家正處於經濟艱困時期，特別獎勵節約行爲，周卻不惜協助主治醫師等身邊的人。這生活態度也可以在劉少奇一家人的生活中窺見一二。

(2) 西花廳的海棠花

國務院的象徵

每年到了四月，中南海就會開滿海棠花。這種花屬於薔薇科，又稱「垂絲海棠」。是中國的原生植物，在中國與牡丹同樣受人喜愛。在中南海內廣泛種殖，特別是在周恩來夫妻官邸——西花廳周邊最多，是夫妻倆都很喜愛的一種花。

在中南海相關資料中，介紹周恩來西花廳所出現的東西以及周邊人事的「周恩來故事」出現次數相當多，僅次於毛澤東。建國初期，周恩來夫妻與毛澤東同樣都住過豐澤園。周恩來夫妻後來移居至西花廳度過餘生，一個最大的理由是西花廳距離國務院事務所、總理官邸（紫光閣）都很近。西花廳位於中南海的西北角，靠近位於文津街的北門。挾著西花廳這條路，對面是東花廳，東花廳後來是李先念國家主席的官邸。

文革時期，西花廳曾更名爲「向陽廳」，一九七八年以後，又恢復成原本的「西花廳」。這裡與劉少奇的「福祿居」不同，即使在文革時期也沒有遭到紅衛兵攻擊，周恩來夫妻的住處在歷史上被刻劃爲國務院的象徵。西花廳到現在都還維持著周恩來總理時期的樣貌，除了會舉辦誕辰、逝世紀念活動，也開放給國內特定人士入內參觀。

這裡曾經開放給外國人參觀，在中日相關的參訪方面，一九八四年秋天，胡耀邦時期曾有「中日青年友好交流三千人訪中團」中一百名代表拜訪過西花廳的鄧穎超夫人，與周總理相當親密的創價學會池田大作會長也曾造訪此地。

文革時期的周恩來

根據周秉德女士的說法，每年海棠花開的季節，親戚朋友總會聚集在西花廳追悼周恩來夫妻。繼毛澤東之後，世人對於建國領導人的周恩來評價不一。在毛澤東以外的領導人相繼失勢落馬後，被文革迫害的中南海的領導人當中，爲何僅有周恩來能夠熬過文革、留在中南海，一直是歷史上無法解釋的疑點。在我們無法理解文革時期毛澤東這個人物的同時，到頭來我們也同樣無法理解文革到底是個什麼東西？究竟爲什麼會發生？

一九七四年十一月，筆者第一次造訪中國。當時所推行的社會運動是「批林批孔」（批鬥林彪．孔子的運動），這個運動後來演變爲四人幫批鬥周恩來運動，衆所周知該運動也是四人幫想在毛澤東死後奪取政權的布局。然而，此舉並沒有受到毛澤東的支持，可以說是四人幫，特別是江青（毛澤東夫人）對周恩來的怨念，或是個人的野心。

文革從一九六六年到一九七六年，持續了十年，前半段有毛澤東與劉少奇、鄧小平對立，後半段則是四人幫與周恩來、鄧小平的奪權鬥爭。因此，毛澤東與周恩來之間，因爲不像對劉少奇那樣「沒有個人的情感」（竹內實，《毛澤東》）所以沒有對立，周秉德女士表示大家對於周恩來能夠穩若泰山（高文謙，《周恩來秘錄》）的評價恐怕不符合實際情況。然而，這一點就和毛澤東對劉少奇眞正的感覺究竟爲何一樣，當今現世已無法確認。

第四節　三度進出中南海的鄧小平

(1) 豐澤園與鄧小平

對於移居中南海的抗拒

在許多建國領導人的中南海居住紀錄中，唯獨缺少鄧小平長期住在中南海的紀錄。建國後不知怎麼的就住了進去。該地點是豐澤園內的四合院，與毛澤東的菊香書屋相當近。除了鄧小平，劉少奇、周恩來、朱德、彭德懷等當時政治局委員層級的重要人物幾乎都會住在中南海。

毛澤東曾認爲中南海是皇帝御苑，而拒絕入住。另一方面，鄧小平可能也是因爲不想要和現代皇帝毛澤東住在同一區域而有所抗拒。特別是鄧小平曾被文革迫害。根據傅高義（Ezra Feivel Vogel）的著作《現代中国の父　鄧小平》，一九六九年十月，鄧小平被移送至江西省，一家人離開了居住十年、已相當熟悉的中南海。當時正值中蘇對立、國際情勢緊張時期，中國方面除了毛澤東、周恩來以外，主要幹部都分散移居到各地。朱德與董必武到廣東、葉劍英到湖南、聶榮臻到河南、王震、陳雲、鄧小平則至江西省。

三度失勢

鄧小平居住在中南海的時間相當短，與三度失勢有關。一九六七年鄧小平因文革而失勢下台，全家人一起於一九六九年十月移居至江西省南昌，在南昌近郊的鄉下機械工廠從事勞力工作。然而，與劉少奇不同的是，鄧小平沒有單獨被送入醫院，而是與部分的家人一起過著「晴耕雨讀」的日子，度過一段相當平靜的日子，養足了二次復活的氣勢。

一九七三年回到北京時的宿舍是在北京內寬街的老舊院子（住宅）（矢吹晉，《鄧小平》）。然而，根據傅高義的著作，中央方面仍原封不動保留著鄧小平在中南海的官邸。一九七六年四月的「天安門事件」，第三度失勢（一九三三年、一九六七年、一九七六年）時又被迫離開中南海，被幽禁的地點位於北京市內東交民巷十七號樓。如前所述，這一帶曾是戰前的大使館街，毛澤東死後，就任黨主席的華國鋒也在此擁有官邸。鄧小平最後移居到地安門。

(2) 地安門大街——「第二個中南海」

地安門的鄧小平故居

一九七三年，鄧小平以副總理之姿敗部復活，取代當時已經罹癌的周恩來，掌管國務院。辦公室雖然位於中南海，但在官邸方面，由於鄧小平家族龐大，故移至地安門。鄧小平夫妻擁有「三女二男」分別各有配偶及子女，總計十七人，再加上護理師、廚師、司機等，全部加起來接近三十人。鄧小平一家雖然在文革時期分散，後來一家人又宛如「四代同堂」一起住在地安門大街的大院（官邸）。從照片可看出，該官邸擁有廣大庭院與大型建築物。

位於地安門的鄧小平故居雖然是私人住宅，但是同時也被稱作「第二個中南海」。因爲會在該處頻繁地召開政治局會議、政治局擴大會議（遵義會議）。特別是一九八九年五月十七日，於鄧小平住處所召開的政治局擴大會議中出現了一些重大決議，像是要解除趙紫陽總書記的職務，改由江澤民擔任總書記，以及發出北京戒嚴令。

失勢後的趙紫陽

趙紫陽於五月十九日清晨前往天安門廣場探望抗議運動中的學生，並且和大家道歉，最後因而失勢下台。正式解除趙紫陽職位的是在六月二十三日所舉辦的十三屆中央委員會第四次全體會議，並決定由江澤民擔任總書記。後來，趙紫陽至二〇〇五年一月逝世爲止，一直被軟禁在北京市內中心的富強胡同六號自宅，一輩子就這樣結束了。然而，經允許可外出享受打高爾夫的樂趣，北京的高爾夫球場也會替這些名譽會員在失勢下台後保有一席之地。此外，也有日本人表示曾在那見到趙紫陽。

趙紫陽的葬禮並沒有胡錦濤等政治局常務委員出席，僅由黨中央主導，將其埋葬在幹部墓區八寶山。可以說是「半恢復名譽」，家人、朋友皆企求能夠「完全恢復名譽」。於是最近有聲浪出現要求重新檢視「六四事件」（天安門事件）以及恢復趙紫陽名譽，然而也只能留待下一世代的領導人評估決定了。

第五節 對開明領導人胡耀邦而言的中南海

(1) 願意開放中南海官邸的領導人

居住在中南海的重要幹部中，最爲開放的就是胡耀邦，當時的職稱爲黨中央總書記。文革結束後的一九七六年，以鄧小平助理之姿重返政壇，接替華國鋒的位置、擔任黨主席（後爲總書記），大膽著手進行改革。在中日關係方面，胡耀邦曾邀請日本首相中曾根康弘、作家山崎豐子，也曾邀請美國新聞記者索爾茲伯里至中南海官邸等處，是史無前例的大膽作風。然而，這也成爲其一九八七年一月遞出卸除總書記一職辭呈（表面上是胡耀邦自己提出辭呈，實際上爲遭到解任。因此接下來採用「解任」一詞）的原因。

胡耀邦與中曾根康弘的好交情不僅在於彼此是兩國領導人。中曾根曾評價胡耀邦：「他就像是會在《三國演義》中登場的人物，擁有英雄的要素，度量與視野都很開闊」，回顧起來他們之間的往來就像是兄弟關係。

一九八四年三月，中曾根首相訪問中國。當時中曾根被招待至胡耀邦在中南海的官邸。一九八三年十一月，中曾根全家族一起出席、接待前往日本拜訪的胡耀邦作爲答禮。經由當時兩元首的提案，期望發展長期中日關係而發起了「中日友好二十一世紀委員會」。這是依胡耀邦與中曾根的想法所建立的委員會，「日後中日關係並非僅有外交辭令，而是必須建立眞正得以對話的渠道」，到現在每年中日雙方仍互相輪流舉辦，除了中國專家學者以外，還有文學、醫學等各個領域委員之間皆持續對話中。

(2)《大地之子》與胡耀邦

「還想再見胡耀邦先生一面」

暢銷書《大地之子》的作者山崎豐子與胡耀邦非常熟識。除了曾在中國就地取材時獲得全面性的協助外，也三度被招待至中南海的官邸。

根據其著作《「大地之子」と私》內容，第一次受邀是在一九八四年十一月二十九日。當時同行的還有中國大使中江要介。雖然書中寫的是從西門進入中南海，但是並未記載官邸眞正的位置（「在廣大松樹林環繞下的胡耀邦先生官邸」）。第二次是一九八五年十二月七日，這次也是從西門進入，但是記載受邀的地點是「勤政殿的官邸」。如同第一章中所述，勤政殿是黨中央書記處的辦公室。接著，第三次是一九八六年十月二日，該次也是在勤政殿，想必總書記的辦公室與官邸應該已經統整在一起。第三次會面時，胡耀邦的言談之間意味深長。他說：「今後怕沒有再見面的機會了吧！」，這句話似乎提早預告了自己的命運。一九八七年一月，胡耀邦被拉下總書記的位置。

「還想再見胡耀邦先生一面」是該書其中一個章節的標題，吐露了山崎豐子的心情，然而那段話其實出自於一九八九年四月十五日，胡耀邦去世後學生拉起的追悼布條：「讓我們再看耀邦一眼，讓我們再送耀邦一程。（我們想要再瞻仰（胡耀邦（想再見他一面））」。一九八九年四月二十一日，未預期衆人會將這樣的思念以弔唁的方式實現。這次不是在中南海，而是在北京市內的私人宅邸。根據山崎的說法，該私人官邸位於富強胡同六號內。

然而，衆人皆知富強胡同爲趙紫陽前總書記的居住地。胡耀邦的私人宅邸應位於中南海後方、南長街的會計司胡同，現在仍有其夫人等人居住在內（加藤千洋，《胡同の記憶—北京夢華録》）。不知道是山崎的記憶有誤，還是富強胡同的住宅都會提供給有總書記經歷者居住，很可能是胡耀邦之後由趙紫陽接手，所以胡耀邦一家才會移居至會計司胡同。

胡耀邦之墓

胡耀邦的葬禮形式接近國葬，但是在一九八八年四月逝世前的兩年都是在失志中度過。筆者亦對一九八七年一月十六日的胡耀邦「總書記下台事件」留有印象。當時剛過新年，中國情勢混沌不明。日本某間報社開始連載「中國情勢占卜」，第二回原本預定刊載筆者本人撰稿的「胡耀邦政治生涯可能罹癌（失勢）」。然而，當天晚間七點的新聞卻報導了胡耀邦遭解任的新聞。因爲社論已成爲事實，連載被迫中止，然而隔天的早報版面卻已經排定，發送至（日本）東北地方的第一版本來不及抽換，只能直接刊載這篇連載的社論。

總書記一職遭到解任的胡耀邦留任政治局常務委員，呼籲黨內改革，然而卻於一九八七年十一月、中共十三屆一中全會遭降格爲政治局委員。胡於一九八九年四月十五日逝世之前是在政治局會議上熱烈辯論後因心肌梗塞而倒地，雖然意識暫時恢復，但因爲已是第二次發作，最終仍然回天乏術。然而，胡耀邦之死卻發展成爲學生總動員的「第二次天安門事件」。

胡耀邦穿著來自西方的西裝、使用叉子與刀子，只要是合理的東西他都願意接納嘗試，是位開明的領導人，卻因此遭受左派大老們的批判而失勢下台。

胡耀邦的墓並非位於國家元首的指定墓地——北京八寶山公墓，而是位於江西省的共青城。這裡是胡耀邦在一九五〇年代初期，以中國共產主義青年團（共青團）成員之姿參與開墾的地方，後來胡耀邦也三度造訪，建立了一個稱作「共青城市」的新城市。後來應夫人李昭的期望，將胡耀邦的墓建在此地。墓的兩側建有七十三塊石階，紀念胡耀邦七十三年來的生涯，胡耀邦便長眠在該處。

第六節　在中南海的生活

(1) 幹部的薪水基準

「差距」十倍以上

一九六〇年代初期的中國經濟，因毛澤東推動的「大躍進」失敗而陷入愁雲慘霧的境地。毛澤東自行提議要「減薪」，月俸從五百九十元人民幣（一級）降到二級的四〇四．八元。劉少奇、周恩來、朱德等人當然也要毫不遲疑地追隨國家領導人的腳步。當時的幹部薪資制度分為二十四級，幅度從四十五元到五百九十元。根據其他相關資訊顯示，一九七六年被拔擢成為總理的華國鋒（當時為政治局委員、副總理層級，後為黨主席，對於驅逐「四人幫」有所貢獻，但最後仍「失勢下台」）的薪資約爲二百到三百元。根據接手華國鋒住宅、擔任副總理的紀登奎的兒子回憶錄中（張海林，《紀坡民憶中南海往事》）記載，紀登奎當時的薪水爲九級水準，與華國鋒同樣爲二百元，夫人爲十三級一百七十元。當時一般勞工薪水約四十元左右，因此勞工、一般公務員跟最高階幹部的「差距」會達十倍以上。

然而，「差距」不僅於此。政治局委員以上的幹部，還會提供住處（大四合院的租金不到四十元），並且配有廚師、司機等。生活用品、空調等也都由國家支付。領到的薪水就單純是收入。再加上，中國幹部社會「夫妻皆有薪水」。毛澤東夫人、「四人幫」之一、惡名昭彰的江青薪水爲三百四十元，劉少奇夫人王光美的薪水則不到二百元。此外，在購買食材方面，也可以充分發揮幹部的特權，米、油等應該都能夠用便宜的價格買到品質比較優良的東西。即便如此，當年的秘書們仍說子女繁多的劉少奇與朱德的家計其實非常吃緊。

劉少奇與鄧小平的差異

劉少奇一家的生活並不輕鬆，光從家計費來看就顯得非常吃緊。夫妻收入合計起來大約六百元多一些，以當時的物價水準來看雖然不算差，但因爲大家庭的關係支出也很高。根據羅海岩所編著的《王光美私人相冊》一書，支出方面有劉少奇的香菸費、要給出的茶水小費、援助親友的費用等約六十元、伙食費一百五十元、房屋租金及水電瓦斯費四十元、幫傭薪水四十元、給王光美的母親董潔如一百二十元、黨費二十五元等。此外，過去的秘書或是警衛們也說雖然房屋租金已經設定得相當低，但是還有五個孩子的教育費用等，或是孩子的衣服等也都讓王光美煞費苦心。劉少奇一家在中南海內的生活相當清苦，就算貴爲國家主席，但是兒子（劉源）連一台腳踏車都買不起。

因文革而失勢的鄧小平薪水爲四百零三元，一九六九年被軟禁在江西省時期（未曾擔任黨或政府要職）爲一般黨員，只不過是一名農機械工廠的勞工，卻仍領著與毛澤東及周恩來相同基準的薪資。此外，夫人卓琳因爲是「十二級幹部」，因此也擁有一百二十元的薪水（參考前述矢吹晉《鄧小平》一書）。

重新檢視薪資制度

然而，中國在二〇一〇年後，各地都開始進行人事制度改革並且重新檢視公務員的薪資制度。中國現行的幹部（公務員）等級區分爲二十七級。不過，公務員薪資制度相關的資訊非常零星。其中有資訊顯示某中央紀錄檢查委員會副書記（五十九歲）的薪資爲「五千元（一元可換算爲十二日幣，約六萬日幣）」。再者，二〇一一年，上海市委書記俞正聲（當時）曾在演講中自爆薪資爲一萬一千元（約十三萬日幣）。政治局委員相當於「二～四級」的幹部，當然會比紀律檢查委員會副書記來得高。據傳聞，位於「一級」的總書記胡錦濤、總理溫家寶的薪資推算約為一萬五千～兩萬八千元（這些都是當時的數據）。一般民眾對於這種給薪基準有各種反應，例如：「意外地低」、「津貼應該會是兩倍」、「這只是單純的收入，幹部根本不用花到自己口袋的錢」等。

俞正聲的薪資為一萬一千元，這個水準相當於二〇一一年全國房租最高的上海地區最低房租一千二百八十元的八・五九倍。兩者皆僅是面額上的數字，包含「各項津貼」後，實際可入袋的金錢應該是更多，不單只是「薪資高低差異」而已。

由國務院人力資源和社會保障部所公布的資料顯示（二〇一五年一月），國家公務員基本年收入最高為十三萬六千六百二十元（月收入一萬一千三百八十五元）。比過去的最高額度漲了百分之六十二。國家公務員的最高階級是國家主席，習近平年收入為十三萬元。與世界級領導人比較起來，水準明顯較低，但是從各國的狀況來看，也不算是都很低薪。

月收入一萬一千三百八十五元和前述的俞正聲水準相當。俞正聲的發言是針對二〇一一年，當時俞正聲的位階是上海市委書記（政治局委員）。然而，國家主席（政治局常務委員）與上海市委書記（政治局委員）的薪資水準相同，怎麼想都覺得不可思議，中國最高領導人的薪資水準為月收入一萬人民幣（依二〇一五年三月的匯率，約為二十萬日幣），水準的確是相當低。附帶一提，公務員最低薪資水準爲一千三百二十元，與最高的相差了八．六倍。

經過了四十年的歷史歲月，公務員的薪資制度有了一些改變，不變的仍是貪污、腐敗。二〇一一年二月，劉志軍鐵道部部長因貪污疑雲而遭解聘僅是「冰山一角」，地方階級的黨幹部腐敗問題簡直到了令人看不下去的程度。毛澤東時代對黨的認知是「不患寡而患不均」。現在則是不顧差距，雖然也會用「殺雞儆猴」的方式去揭露黨幹部腐敗情形，但事實上還是放任的。

(2) 毛澤東的餐桌

中南海內存在著住宅、辦公室、會議室等各種建築物，供人們進出。

在廣大腹地內，還有醫院、宿舍、印刷工廠、餐廳（員工餐廳）、便利商店（二〇一三年關閉）等。餐廳分爲幹部全家專用以及員工專用，在文革前住進中南海的重要幹部，可以在各自的家中用餐也可以在幹部專用的餐廳（接近游泳池棟）用餐。劉少奇一家人除了在自家用餐外，也會利用中南海內部的餐廳，由於家族龐大，往往都吃不夠，據說一起用餐的朱德等人還會特意分幾盤給他們。

包含劉少奇在內，當時高階幹部的生活非常樸實，特別是在一九六〇年代初期，一九五八年毛澤東的大躍進政策（打著「追上、超越英國」口號，快速成長的政策）失敗，全國陷入必須重新調整的局面，物資無法妥善調配。住在中南海中的人們也面臨相同的狀況。劉少奇一家的廚師，曾是北京飯店的「主廚」，即便菜色樸實、口味卻相當令人讚嘆。當時，廚師每個月所能支配伙食費是一百五十元，必須餵飽一家八口的三餐。然而，由於劉少奇往往工作到深夜，因此中央還會有三十元的宵夜補助費。

「毛澤東的餐桌」基本上也相當樸實。出身於湖南省，喜好辛辣料理。一九五二年秋天，在一個收成的季節，主治醫師提出勸告並且與身邊的廚師討論後，決定採用精緻的白米飯時，毛澤東斥責身邊的人：「太浪費了，糙米比較營養吧！換掉！」。

毛澤東等建國領導人在中南海時期度過的那段中國歲月，曾遇到建國初期、毛澤東失策、「大躍進」後的經濟困難期，因此雖然身爲幹部或者正是因爲自己是幹部，生活必須過得更樸實。而且當時與現在的「一胎化政策」時期不同，幹部孩子衆多、親戚家族也龐大。和現在的生活水準比較起來，可說是天壤之別。

Chapter 3

中南海政治——誰來決定要做些什麼事？

第一節　作爲中國共產黨總部的中南海

如本書開頭時所述，中南海是中國共產黨中央、政府的所在地，會在該處進行各式各樣的政策決議，並將該決定結果發送至中南海內外部。此外，可以參加該裁決會議的對象包括參加黨、政府領導人辦公室，以及黨、政府機關員工的宿舍、診所、餐廳等。中南海曾是毛澤東、周恩來等最高領導人的居住地點，現在究竟是哪一位領導人住在裡面，可以說是「國家機密」。雖然有情報指出卸任的前國家主席江澤民目前仍住在中南海內，不僅是江，有經濟相關副總理資歷的政治局委員（親近江澤民的人物）卸任後仍在中南海內擁有辦公室。

二〇一二年十一月，中南海內替換了一批主要領導幹部。每五年一次的黨代會都會大幅刷新人事。用中國的政治用語來說，就是「進入中南海」。和美國「進入白宮」，或是日本「進入官邸」一樣，意思是進入了黨中央與政府的中樞。

本章節將會解說怎樣的人物可以進入中南海，該人物底下又有哪些組織、機關存在於中南海內，會在哪些組織機關內討論些什麼議題後做成政策，再將哪些內容發送至全世界。

(1) 黨中央

何謂「黨中央」

中國經常會用「黨中央」或是「中央」等詞彙。所謂黨中央，正確來說就是指中國共產黨中央委員會（中共中央），但是卻不會和日本一樣把「中國共產黨總部」的招牌放在中南海的入口。沒有對外界公布究竟是哪一個黨部組織、機關部會位於中南海內。

中央委員會每五年會輪替一次。本書撰寫時爲第十八屆，中央委員以及候補委員於二〇一二年選出時總計三百七十六名，但是目前爲止有三名中央委員遭到解任，從候補委員中晉升三名，後來又有五名候補委員遭解任。然而，候補委員人數不會增加，所以目前總人數有三百六十八名。

中央委員會的組成是來自於黨、軍、政府、地方幹部等，平常各自進行原有組織的活動，但是一年會有一次全體會議以及年底常態性質的中央經濟工作會議等，必須以中央委員的身分聚集至中央（北京）。

中央委員會全體會議並不會在中南海進行，基本上會在京西賓館或是人民大會堂內舉行。組織這場會議並且統籌相關事務的中央書記處、由黨部機要秘書等所組成的中央辦公廳，以及稱之爲黨智庫的中央政策研究室等處室開會時才會在中南海內舉行。此外，政府（國務院）當中應該還有處理總理、副總理等行政事務的國務院辦公廳、部分國務院直屬機關位於中南海內。

領導小組

最近新設置了幾個「領導小組」，這些組織應該也都放在中南海內。雖然稱作「小組」，但卻是黨中央重要政策的決定機關。

政治局會議上重要議題的事務性準備工作就是由這個「小組」進行。外交方面的問題由黨中央外事工作領導小組（組長爲習近平總書記）主導、經濟方面的問題則由黨中央財經領導小組（組長爲習近平）主導。黨中央財經領導小組會與平常執行黨務的中央書記處緊密聯繫，以便決定重要政策。

二〇一三年十一月的第十八屆三中全會中採納了深化改革等決定，遂於黨中央設立四個新的組織。「中央全面深化改革領導小組」、「中央國家安全委員會」、「中央網路安全和信息化領導小組」，以及「中央軍委深化國防和軍隊改革領導小組」（中央軍委深改組）。這四個組織最高層級（組長・主任）幾乎都是由習近平總書記、國家主席、軍事委員會主席來擔任。進行這四個組織日常行政業務的辦事處（辦公廳）除了「中央軍委深改組」以外，其餘應該都設置在中南海內（小組方面的更進一步資訊可參考第二節）。

中央軍事委員會與紀律檢查委員會

中央軍事委員會（中央軍委）是「黨中央」的一員，同時也是重要組織之一。最高長官爲總書記，第二階長官通常是由文官擔任國家副主席暨總書記接班人。軍事委員會副主席以下的成員則幾乎都是軍人，執行事務的機構也就是辦公廳皆位於中南海之外。習近平國家主席暨總書記最初任職於軍事委員會辦公廳，當時的職稱爲中央軍委秘書長秘書。「中央軍委深改組」想必就位於中央軍事委員會的「八一大樓」（「八一」指的是八月一日中國人民解放軍建軍節）。該大樓位於長安街西方的軍事設施區，東邊鄰接軍事博物館，對面則有京西賓館。

中央紀律檢查委員會與中央委員會位階相當，是用來監督黨員紀律的單位，最高階領導人爲政治局常務委員。成員與中央委員相同，於黨代會中選出。紀律檢查委員會的所在地位於中南海外側，自二〇一三年起與國務院監查部共同設立官方網頁，可於線上直接受理民眾投訴。

中央辦公廳

中央辦公廳是政治局常務委員以及政治局委員的秘書、智囊團（brain trust）

辦公之處，算是黨的辦事處。日常黨務由書記處進行處理，但是該秘書團隊其實是中央辦公廳。政府的國務院也有辦公廳。

中央辦公廳主任也是總書記的主要秘書，都會由總書記最信賴的人擔任。二〇一四年十二月，因疑似違反紀律而成爲調查對象失勢的前辦公廳主任令計劃，曾因是前總書記胡錦濤的秘書（大內總管），有機會晉升成爲政治局委員。然而，二〇一二年黨代會前，其中央辦公廳主任一職遭解聘，令「下放」爲中央統一戰線工作部長。後來，別說是政治局委員，就連書記處書記的烏紗帽都給丟了。據說起因於二〇一二年春天，令的兒子所造成的交通事故。

現任中央辦公廳主任栗戰書爲習近平在河北省縣書記時期的同事，接任令計劃的位置，於二〇一二年上任，後來在黨代會上升格爲政治局委員。大幅被拔擢的栗戰書，是因爲習近平的關係而被晉升上來的領導幹部。

根據《中國黨政軍名錄》（明報），中央辦公廳位於「北京市府右街七十九號」。在第一章中曾介紹過府右街，府右街位於中南海的西側，沿著紅牆朝北的路。然而，該地址其實位於中南海之外。從日本的角度來看，就是總理官邸前的內閣府大樓。根據資訊顯示，中央辦公廳位於中南海西門入口不遠處，負責保護重要官員的中央警衛局辦公室則接近正門，也就是新華門附近（李志綏，《毛澤東的私生活》等書）。此外，根據北京市的地圖，部分中央辦公廳，例如「老幹部局」

（負責退休幹部相關事宜）位在中南海外的西側，所以各機關部會可能分散在各地。

中央辦公廳主任外，三位副主任之下設有調研室、秘書局、人事局（機關黨委）、機要交通局、法規局、老幹部局、督促檢查室、中央警衛局等。

四部

在黨中央處理重要事務的機關部會當中，有中央組織部、中央宣傳部、中央統一戰線工作部、中央對外聯絡部等四大部會。同樣依《中國黨政軍名錄》（明報）內容來看，四大部會的位置僅有中央組織部最靠近中南海，位於中南海外的「西單北大街一一〇號」。中央宣傳部的地址位於「西長安街五號」，但是這個位置並非位於中南海內，而是在新華門西側、西長安街與府右街的交叉路口附近。這裡的確是有衛兵駐守、類似政府機關部會的建築物。

中央統一戰線工作部在「府右街一三五號」，位於中南海西門的西南方、府右街的西側、中央宣傳部與工業和信息化部（工業資訊化部門）的北側。附近曾是清代儀親王府（皇子住處）。

中央對外聯絡部位置在中南海西南方的「海淀區復興路四號」（地鐵1號線木樨地站下車），只有這裡有招牌，市售地圖上也有標記出來。

中央組織部是黨的人事部，除了進行黨內人事調整外，也會提案、進行黨員教育、幹部交流等活動。此外，最近的地方幹部研習都是派到美國哈佛大學，也是由中央組織部統籌規劃該研習的架構內容。這個哈佛研習營可以說是近來幹部一躍龍門的敲門磚。

如文字所示「中央宣傳部」即是進行黨宣傳工作的部門，並且也是監督黨機關部會新聞媒體，如：人民日報、新華社、中央電視台等廣播、傳播、新聞的主管機關。

中央統一戰線工作部在與台灣進行統一相關工作的同時，也要協調民主黨派與黨外人士之間合作關係，亦是與香港、澳門等地的協調機構。

中央對外聯絡部可以說是黨的外交部，是與國外各個共產黨以及各黨派與中國共產黨間人事交流磋商等的部門。

除了對外聯絡部以外，四大部會的領導層級都是由政治局委員兼任。其中，中央組織部長是最重要的位置，通常有過此經歷後，更上一階的職位即是政治局常務委員。

在這四大部會當中，中央對外聯絡部與中央統一戰線工作部分別會在各自的官方網頁上公開活動狀況，中央組織部與中央宣傳部的網頁則未對外公開。此外，除了對外聯絡部，各地方（省、市、區）的黨委員會都有同樣的組織。也就是說組織部長、統一戰線工作部長、宣傳部長，這三位部長都是省級的黨委員會常務委員（執行部）。此外，一年一度的「全國組織部長會議」、「全國統一戰線部長會議」等皆會於軍方所屬的京西賓館舉辦。

中央黨校

中央黨校是中國共產黨的幹部培訓學校。歷任校長皆會擔任下一屆的總書記，前總書記胡錦濤、現任總書記習近平都曾在擔任國家副主席、政治局常務委員時期擔任過中央黨校校長。然而，前任的校長劉雲山則是政治局常務委員、書記處書記，已於二〇一七年卸任，並非下一任總書記的候補對象。二〇一七年的第十九次全國代表大會時，接任校長的人物很可能就會成爲下一屆總書記候補人選。

中央黨校的幹部訓練課程有分短期與長期，培訓的對象相當廣泛，橫跨底層的縣級書記到中央委員、部長層級。中央、地方的黨幹部、政府幹部都會在一定期間內於黨校進行幹部訓練。此外，參加整年度課程的中央候補幹部，可能會因此成爲校長的好友或是與同學等建立起人脈，對於今後的仕途發展相當重要。

中央黨校的培訓課程，設有相當於一般大學學系或是研究所程度的研究型課程。此外，地方也設有省級黨校，是用來培養省級幹部的學校，由於隸屬於中央黨校，因此該課程可視爲共產黨黨員資歷。

(2) 政治局與政治局常務委員會

政治局會議

中央政治局於一年一度的中央委員會全體會議休會期間，具有行使相關事務及政策決定的職權。包含七名政治局常務委員在內，由二十五名成員組成的政治局會議，基本上每個月月底都會在北京中南海的懷仁堂召開，並將會議結果對外公告。

政治局會議的主題每個月不同，除了經濟情勢分析與黨歷史檢討之外，也會討論政治局委員、中央委員的解任相關議題。會依當時主要議題，邀請國務院官員（部長）以及相關人士出席。會議通常會在上午舉行，當日下午舉辦政治局集體學習會（容後詳述）。在胡錦濤時代，二〇〇六年的四、六、七月並未召開政治局會議。然而，六、七月仍有召開學習會。在習近平體制下，也未於二〇一三年三、五、十一月，以及二〇一四年三、十、十一月召開政治局會議。不過，習近平方面，二〇一三年以及二〇一四年皆於十二月時召開兩次政治局會議，並且單獨舉辦學習會

此外，二〇一三年六月，破例連續四天召開「政治局專門會議」，內容是討論習近平所提倡的「八項規定落實情形」。所謂「八項規定」是指二〇一二年十二月

四日，習近平於政治局會議中所提出並決議的事項，內容如下。

- 接待簡樸化（「改進調查研究」）
- 會議效率化、限制領導幹部慶祝會以及出席剪綵等（「改進會風」）
- 文章、簡報精簡化（「改進文風」）
- 限制出訪時的隨行人員（「改進出訪」）
- 警備精簡化（「改進警衛」）
- 新聞報導改革（「改進報導」）
- 限制個人出版等（「文稿發表」）
- 勤儉節約（「嚴守廉政」）

以上規定是爲了提升黨員的道德水準、軍民融合、消滅幹部腐敗等情形，在與「中國夢」並進下，所顯現出的習近平理念。特別是意識到習近平出身於「太子黨」後，即深感這些可以說是習近平目標「軍民融合」所展現出的眞本事。並且嚴格確認黨員是否有遵守相關「規定」、徹底揭發出違反紀律的黨員。此外，還有一個特徵是大幅度重新翻修「八項規定」的相關根據條例。推測「八項規定」的前身是在解放前，也就是人民解放軍前身的紅軍時代，毛澤東曾提出的「三大紀律六項注意」，後來於一九四七年以發布軍事命令方式，變更爲「三大紀律八項注意」，習近平意識到解放軍的軍紀問題所以又重新提出。

政治局會議的主要議題及原則

胡錦濤時期（第十七屆）的二〇〇六年、二〇〇七年以及習近平體制（第十八屆）的二〇一三年、二〇一四年每月政治局會議主題，如表1所示。搭配其他年份的會議主題後，發現有幾個原則。首先，從每月的主題來看，每年二月份的主題都一樣，會針對三月即將舉辦的全人代政府活動報告內容進行討論與核定。雖然也會討論其他議題，但是大抵上二月份的內容都是相同的。同樣地，七月時會分析上半年的經濟情勢，並且討論下半年的課題。此外，七月也會開始籌備下半年要舉辦的中央委員會全體會議，並且決定舉辦要領。

十二月是年度總結，這幾年主要的題目都固定是「腐敗問題」。在二〇〇二年以後，幾乎一致。即使在胡錦濤時期，「腐敗問題」仍是重要課題。

在個別議題當中，胡錦濤時期曾提出「中部崛起」這項地區開發問題當作議題，然而習近平就任後，針對經濟問題的會議較少，僅有固定在二、七月。二〇一四年五月二十六日，政治局會議中提出了「新疆問題」。那是針對四月烏魯木齊車站發生自殺式恐怖攻擊，以及五月於烏魯木齊早市市集發生炸彈恐怖攻擊（造成四十三人死亡）的緊急會議。

這是二〇〇九年七月（胡錦濤時期）後，首次在政治局會議中談論到新疆問題。此外，二〇一〇年一月的政治局會議上，也談論了藏族的問題。然而，俗話

表1 政治局會議之主要議題及集體學習會

	胡錦濤		習近平	
	2006年	2007年	2013年	2014年
1月	強化政協工作○	金融改革○	黨員管理○	8項規定
2月	政府工作報告○	政府工作報告○	二中全會○	政府工作報告○
3月	中部崛起問題○	北京奧運○	未召開	未召開
4月	未召開	青少年文化○	親民路線教育○	經濟情勢○
5月	分配制度改革○	未召開	未召開	新疆問題○
6月	未召開○	公共文化服務○	（政治局專門會議4天）	稅制、戶籍問題○
7月	未召開○	經濟情勢○	經濟情勢○	經濟情勢
8月	黨員幹部個人規定○	七中全會○	三中全會	國有企業員工待遇○
9月	9/24陳良宇問題 9/25 六中全會	政治局工作○	科技發展○	四中全會
10月	幹部教育○	第17次大會精神	三中全會○	未召開○
11月	人口政策○	經濟情勢○	未召開	未召開
12月	腐敗問題○	腐敗問題○	12/3經濟總檢討○ 12/31腐敗問題○	12/5經濟工作、「周永康問題」○ 12/29腐敗問題○

備註：○為同時舉辦學習會。2012年11月起改為習近平體制。

資料來源：「中國共產黨新聞」。

說得好「政令不出中南海」（中南海＝中央發出的政令無法滲透到中央，諸侯＝地方領導幹部各自行動），地方根本無法貫徹中央的決議。也就是說，地方根本忽視中南海（中央）的決定，經常可見各自獨立行動的現象。

就此，習近平體制想要以「貫徹紀律」、「揭發貪污」爲武器，強化對各地方的監督與管束，樹立「中南海發聲」的權威。

集體學習會

召開政治局會議的同時，也會召集國內學者、智庫研究員針對世界情勢、科技、微觀經濟等舉辦學習會（「政治局集體學習會」）。部分學習會的主題及講師或是談論的內容會對外公開，透過這些主題，也可以一窺中國目前正面臨的課題。順帶一提，胡錦濤總書記時代（第十七屆）舉辦的學習會，就已討論就業問題、土地管理制度、人口政策、新興產業發展策略、黨建設、土地管理等。二〇〇八年北京奧運開幕前也曾學習過「奧運」的歷史。在胡錦濤後接班的習近平體制也承襲了此學習會制度，最近的主題相當多元，有社會主義價值觀、唯物主義歷史、住宅保障制度、海洋策略、法治社會建設等。

集體學習會與政治局會議的議題不同，主要係以歷史、結構、制度，以及地球相關內容進行探討。過去的學習會（排除政治局委員、部長報告、意見交流的學習會）之中，還包含更多像是產業、資源、能源、地區開發等經濟問題。特別是每一屆都會有「世界經濟與中國」這個主題。每屆也都有憲法、法制問題相關講座。是有制度的且專業的領域。

移轉至習近平體制後，黨建設、意識形態的議題較多。第十八屆所召開的十四次學習會中，有六次是這類主題的學習會。習近平將學習會定位成不僅是知識共享、情勢分析，似乎還將重點放在解釋共產黨的存在歷史、用來維持政權的武裝理論。這樣一來，就不會因爲權力基礎較弱，而將目標放在強化維持政權的正當性上。

二〇〇三年SARS（非典型肺炎）大流行、二〇〇八年籌備北京奧運，以及二〇一〇年統籌上海萬國博覽會等，學習會主題也會放在這些緊急事件的處理以及大型國際活動的準備與統籌上。然而，學習會基本上還是以政治局委員資訊共享、提升知識以及應用政策爲主，人民得以透過這些主題看見中國以及高階領導人正在面臨的相關政策課題。這也意味著今後必須特別注意習近平所選擇的題目以及選拔的講師等。

此學習會的相關事宜是由中央書記處與中央組織部擔任行政工作。在主題的選定以及講師人選方面，能夠對政治局委員們演講的往往是來自北京大學、清華大學、國務院發展研究中心、社會科學院等的教授、研究員，據說一小時的演講大約要從半年前開始準備。然而，對這些學者來說，能夠進入學習會演講也是爲其仕途發展加分。一名曾經進入學習會演講的研究員（女性），後來擔任總理智囊團——國務院研究室研究員，並於二〇一二年被任命爲國務院副秘書長。

政治局常務委員會

政治局常務委員會是黨中央的最高決策機關，在總書記之下，共由七位成員組成。曾經擔任因一九八九年天安門事件而失勢下台的趙紫陽總書記的政治祕書鮑彤曾經這麼說：「一九八〇年代，政治局常務委員每週要召開一、兩次會議，原則上全體與會成員意見必須一致，以便達成會議決議（朝日新聞中國總局，《紅の党》）。一般認爲政治局常務委員的人數爲奇數，因此會採用「多數決制」，但是根據鮑彤的說法其實並非採用多數決制，而是當有反對意見出現、無法達成共識時會先暫緩討論。舉辦地點爲七人小組辦公室所在地——中南海勤政殿。

以往政治局常務委員會、政治局會議，或是中央委員會全體會議並非只在北京或是中南海召開。一九六〇年代至七〇年代的文革時期，還曾在毛澤東進行地方視察的地點或是住宿地點舉辦會議。湖北省武漢、江西省廬山等地都是歷史上有名的會議地點。

一九三五年一月，曾在貴州省遵義進行政治局擴大會議，毛澤東確立了軍事領導權。一九五八年八月河北省北戴河的政治局擴大會議中，決議設立人民公社。一九五九年七月江西省廬山的政治局擴大會議，因大躍進失策而受到毛澤東批判的彭德懷國防部長遭到解任。許多重大歷史事件的決議會議都在地方進行。政治局擴大會議除了政治局委員外，也會邀請退休的大老或是中央委員等相關人士與會。然而，毛澤東死後，除了夏季所謂的非正式「北戴河會議」外，中央委員會全體會議以及政治局會議幾乎沒有在外地舉辦的紀錄。

第十六～十八屆政治局以及常務委員會成員請參照本書一六七頁的表7。

第二節　政策決定機制——「小組政治」

小組政治

中南海爲黨、政府總部，重要的政策決定都會在中南海內進行。最終決定雖然會等到政治局常務會議，但是該決定的相關討論以及表決則會在每月舉辦的政治局會議上進行。再者，政治局會議中所提出的議題或是相關準備其實會先在中國的一種特殊組織——「小組」（Leading Small Group）內進行，稱之爲「小組政治」。

黨內的「小組制度」存在已久。最惡名昭彰的是文革時期的「中央文革小組」。那是當時實際上的黨執行單位，在毛澤東夫人江青（一九六六～一九七六年擔任政治局委員）的主導下，無視於法律與黨規，導致中國社會混亂。

此外，從一九五〇年代即存在外事、財政經濟、法政、科學等各個領域的領導小組，然而黨的領導作風相當強勢，當時雖然已有國務院這種行政負責部門，迥異的是黨部卻也插手行政。後續在政治改革發展過程中，一些臨時籌組（ad hoc）的小組雖然已經消失，但是一些重要領域的小組仍延續至今，當然也會有新的小組誕生，更進一步強化黨的一元領導政策。

中央領導小組

二〇一三年十一月第十八屆三中全會決定要設置「中央全面深化改革領導小組」（深改小組）以及「中央國家安全委員會」，使得黨內組織——「中央領導小組」這個組織的存在備受矚目。這個組織是如何組成的呢？所扮演的角色爲何？然而，不論是組織人事、成員結構、會議內容以及頻率，幾乎都沒有對外公告。黨中央領導小組是黨內的行政負責機關，主要內容如表2所示。「領導小組」是各個政策議題的最高決策機關，最高位階的組長基本上是由常務委員擔任。任務是要提供資訊、提案政策給最高意思決定機關——政治局常務委員會。接下就從既有的小組，也就是中央外事工作領導小組、中央財經領導小組以及新設小組的人事與功能性，來看看這些可以進行政策決定的「小組」角色。

中央外事工作領導小組

中央外事工作領導小組（一九五八年設立）是黨內外交政策的最高決策機關，據說政治局常務委員會直接同意該小組提出的外交政策（Linda Jakobson and Dean Knox，《中国の新しい対外政策》，岩波現代文集）。

中央外事工

表2　黨中央領導小組一覽表

既有小組	組長	副組長	辦公室主任
中央外事工作領導小組	◎習近平	◎李克強	△楊潔篪（國務委員）
中央財經領導小組	◎習近平	◎李克強	△劉鶴（發展改革委副主任）
中央對台工作領導小組	◎習近平	◎俞正聲	△張志軍（台灣辦公室主任）
中央巡視工作領導小組	◎王岐山		黎曉宏（中央紀律委）
中央農村工作領導小組	○汪洋		陳錫文（發展改革委副主任）
中央維護穩定工作領導小組	○孟建柱		楊煥寧（公安部常務副部長）
新小組	**組長**	**副組長**	**辦公室主任**
中央全面深化改革領導小組	◎習近平	◎李克強 ◎劉雲山 ◎張高麗	○王滬寧
中央國家安全委員會	◎習近平 （主席）	◎李克強 ◎張德江 （副主席）	○栗戰書
中央網絡安全和信息化領導小組	◎習近平	◎李克強 ◎劉雲山	魯煒 （國務院信息辦公室主任）
中央軍委深化國防和軍隊改革領導小組	◎習近平	○范長龍 ○許其亮 （常務）	

註：◎為政治局常務委員、○為政治局委員、△為中央委員、無記號為黨員。空欄狀況不明，部分人事為推測。

作領導小組的組長是總書記，副組長是國家副主席，成員主要是有外交部經歷的黨部部長暨幹部層級、軍事副參謀長，由負責外交工作的國務委員（副總理層級）擔任事務工作方面負責人。外交工作，顧名思義就是決定中國外交政策的機關，包含國家安全保障，偶爾也必須提出國際相關的金融、財政等政策。最近觀察到，中國對海洋政策的建言等也是由此機關提出。

以一九九九年北約組織（NATO）歐洲盟軍誤射中國駐南斯拉夫大使館事件爲契機，二〇〇〇年設立了中央國家安全領導小組，由於小組成員與中央外事工作領導小組相同，故成爲二〇一四年中央國家安全委員會的前身。隨之也卸下了國家安全領導小組的招牌。

中央財經領導小組

二〇一四年六月十三日晚間七點，中央電視台播放了中央財經領導小組（財經小組）的會議影片。財經小組是決定中國經濟政策的最高決策機關，因此組織內容幾乎無人得知，公開會議影像更是史上頭一遭。從這次的報導，至少讓衆人明白了三個事實。本次的會議是第六次，組長爲習近平、副組長爲李克強，成員爲張高麗（第一副總理），會議主題爲「國家能源策略」。其中，最重要的資訊是組長爲習近平。

八月十八日，媒體報導財經小組與深改小組的會議在同一天舉辦。那是財經小組的第七次會議，但是卻沒有像第六次一樣對外公開影像，僅發出文字形式的新聞稿。根據該報導得知劉雲山政治局常務委員（負責思想．宣傳）也是財經小組的成員。究竟是從何時開始成為其中一員無從而知。然而，六月第六次會議時，劉雲山在芬蘭出差不可能出席，但是很可能當時已經是其中的成員。

中國自一九四九年以來，在經濟政策決定小組方面已有中央財政經濟委員會、中央經濟工作五人小組等組織存在，但是又在一九八〇年成立了現在的中央財經領導小組。一九八九年曾一度解散，但是一九九二年又重新開始。一九九二年至一九九八年，由江澤民總書記擔任組長、由李鵬總理及朱鎔基常務副總理擔任副組長。後來江澤民將組長位置讓給朱鎔基，二〇〇二年胡錦濤時代後則由溫家寶總理擔任組長，看起來是延續了「總理＝組長體制」。然而，我們無從確認這個公式。

想要拔掉李克強？

習近平擔任中央財經領導小組組長，西方國家戲謔評論其實習是在和李克強爭權奪位，以及「想要拔掉李克強」等，中國媒體卻反駁「總書記擔任財經小組組長是中國共產黨的傳統」，強調習近平體制穩定（「國際金融報」，二〇一四年八月二十五日）。然而，我們無法正式確認是否一直以來都是「總書記＝組長體制」，或者僅是臨時變更爲「總理＝組長體制」。

如字面上的意義，「財經小組」是財政、金融政策的最高決策機關，該機關曾經提出一些重要的決定案，例如：二〇〇五年七月人民幣升值，或是在雷曼兄弟（Lehman Brothers Holdings）迷你債券破產事件時期，於二〇〇八年十一月發表「四兆人民幣」擴大內需政策等。附帶一提，二〇一四年六月該次公開發表的第六次會議的議題是「國家能源安全策略」。

中央財經小組與書記處的聯合會議頻繁地召開。觀察發現重要政策至決議爲止的流程如下，例如：人民幣升值等重要問題會先聽取黨中央政策研究室、國務院研究室、國務院發展研究中心、社會科學院等黨中央及政府智庫、學者、智囊團等的意見，再由財經小組決議該案，依序由政治局常務委員會、政治局會議批准後，再傳遞至國務院並予以實施。決策發表的時機是監控國際情勢、特別留意美國的動態，找出對中國而言具有最大效益的時間點。

中央國家安全委員會

二〇一三年十一月，第十八屆三中全會開始之前，首都北京，而且是北京地標天安門，發生了吉普車衝撞的恐怖攻擊事件。山西省省會太原的共產黨大樓周邊也發生了爆炸事件。三中全會後，新疆維吾爾自治區也發生了襲擊公安局事件，中國國內相繼出現不平靜的事件。

就在中國國內體制或是共產黨體制遭逢危機之際，三中全會上決議要設置中國版的NSC「中央國家安全委員會」（The Communist Party's National Security Commission——NSC，簡稱「國安委」）。在三中全會上，基於「整頓國家安全體制、國家安全策略，確保國家安全」，並且意識到美國有國家安全會議（National Security Council）以及日本有國家安全保障會議（National Security Council）等而設置了「國安委」。

「國安委」主要是針對外交問題、安全保障等進行政策提案，看起來是納入統籌國內治安因應對策——「政法委員會」旗下的組織。再者，與美日的NSC不同，重點是要成爲一個可以將金融危機與網路規範（資訊）等皆納入管轄範圍的組織。因此，委員會的成員不僅具有外交、國防專長，也會有治安、資訊、金融等專家進入。還有一個重點是「中央國家安全委員會」的名稱中帶有「中央」兩個字。如前所述，所謂的「中央」係指「黨中央」，意思是這個組織是由黨來主導的。

發起「一帶一路」的建設工作領導小組

在習近平的對外政策中，最引人注目的便是成立「一帶一路」策略推動小組。組長由政治局常務委員暨國務院常務副總理張高麗擔任。副組長由習近平智囊，也就是中央政策研究室主任（政治局委員）王滬寧以及負責對外貿易的國務院副總理（政治局委員）汪洋兩位擔任。全是習近平非常信賴的人物。

成員方面有國務委員楊潔篪（中央委員、中央外事辦公室主任）、國務院秘書長楊晶（中央委員）兩人，與其他小組比較起來，可說是短小精幹。「一帶一路」小組的第一次會議於二〇一五年二月一日召開，決議要在新疆維吾爾自治區、海南省以及江蘇省等組織小組分部，並且於全國各地設置推動機構。

第三節　中國共產黨的結構

黨員數的變化

接著來看一下中國共產黨的基本結構。中國共產黨創設於一九二一年上海，創立時期人數包含毛澤東在內總共有五十三人。二〇一一年建黨九十周年。二〇一二年底黨員數有八千五百一十二萬人，足以匹敵德國總人口數。二〇一〇年，新入黨人數爲三百七萬五千人，第一次一年超過三百萬人。同時，在二〇一〇年整年度的「脫黨」人數爲三萬兩千人，幾乎都是因爲貪污腐敗而被迫開除黨籍。

從二〇一〇年人口統計數字的十三億四千萬人來看，黨員人數的比例占了百分之五．九九，比起二〇〇八年底的百分之五．七稍微上升一些，也就是說總人口中「每二十人就有一人」是共產黨員。

從黨員數的變化與結構來看，女性比例約爲兩成（百分之二十三．八）、「三十五歲以下」也在百分之二十四左右，農民比例約三成，沒有太大的變化。「企業」占兩成，但是其中包含二〇〇二年江澤民擔任總書記時所推薦的「企業代表」。

共青團

成爲中國共產黨員的條件是十八歲以上，必須由所屬機關部會、單位推薦。然而，受理入黨後還有一年的觀察期。

拜訪中國學校時，經常會看到打著紅色領巾的學生，他們是「少年先鋒隊員」（從俄羅斯的角度來看，少年團是先鋒團（Pioneer movement）的前身）。從日本的角度來看，或許可以說是優秀的學級委員。這些學生進入高中、大學後就是「共青團」。「共青團」，正式名稱爲「中國共產主義青年團」，是中國共產黨的青年組織（根據規約，爲「助理」、「預備軍」）。團員資格爲十四歲以上，未滿二十八歲，經領導階層（中央書記局）任命爲中國共產黨年輕一輩的中堅幹部後，即拿到成爲黨幹部的敲門磚。從胡錦濤前總書記開始，歷代總書記後續都會被拔擢成爲黨的最高領導幹部，其所擁有的「共青團人脈」就會因此成爲矚目的焦點。共青團是各地方組織起來的團體，從省、市開始到基層的縣、鄉、鎮，甚至到大學以及職場。

現在所謂「出身於共青團」，意思除了是指出身於共青團外，還表示有擔任過共青團這個組織幹部的經驗。因此，從少年時代的「先鋒隊」開始，成爲「共青團」，然後成爲「共產黨員」是中國官員的仕途發展模式。

要成爲中國的幹部，就必須是黨員。學校的班導師會建議優秀的學生入黨。因爲要進入外交部、國家發展改革委員會等一流官府就職的都必須是黨員。附帶一提，觀察黨中央領導人入黨時的年齡，習近平二十一歲、李克強二十一歲、王岐山三十五歲。有位下一屆呼聲極高的政治局常務委員候補人選，也就是國務院副總理、政治局委員汪洋爲二十歲，實力同樣堅強的候補人選還有廣東省委書記、政治局委員胡春華於二十歲入黨，最高人民法院院長、中央委員周強則是在十八歲入黨。幾乎都是在二十歲到二十三歲之間，也就是學生時期即入黨。

中央委員的選出流程

成爲黨員是成爲黨幹部的必要條件，但是想要進一步「進入中南海」，必須

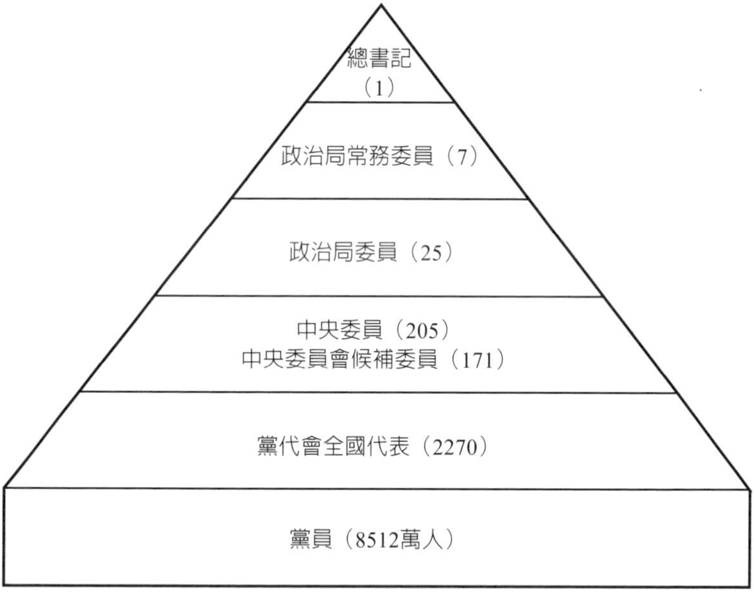

註：（　）內數字為人數（2012年黨代會選出時），黨員數為2012年11月時的人數。中央委員為「5年以上黨歷」。政治局委員25名當中，包含7名政治局常務委員。

圖1　中國共產黨組織（第18屆—2012年黨代會選出）

先被選成中央委員。中央委員由每五年召開的黨代會中選出。中央委員的最低條件是「要有五年以上的黨歷」，但是八千萬位黨員當中僅有兩百人會被選出，並非易事。從組成架構來看，地方書記、省長、國務院部長層級以上、軍隊幹部等皆爲中央委員，所以基本條件是必須先確保該位置穩固。

中央委員的人數並未明確規定。依過

去的情況來看，約爲兩百人左右，於黨代會實施差額選舉（從超過定額人數的候補委員名單中選出）。候補委員名單並不會事先公布，當選的中央委員名單是按照簡體字的筆劃順序排列，但是中央委員會候補委員則依得票數依序排列。習近平、王岐山、國務院副總理暨政治局委員劉延東等所謂「太子黨」（高階幹部子弟、「紅二代」）成員於一九九七年開始即名列中央委員會候補委員名單，但是得票順位皆很後面。當時黨內對於「太子黨」的成見非常深。據說中央委員會候補委員，雖然也有出席中央委員會全體會議的權利，但是沒有投票權。不過，並沒有公開的文件得以確認這件事實。

中央紀律檢查委員會

與中央委員選舉同時舉辦，黨代會上也會選出中央紀律檢查委員會委員。中央紀律檢查委員會是用來監督共產黨員紀律、道德方面的組織，具體而言，其任務就是要揭發貪污腐敗情形。中央除了有兩百位左右的委員，國務院各部以及地方黨委員會中還有紀律檢查委員。

黨員，特別是幹部因貪污腐敗被揭發時，必須受到稱之爲「雙規」的審查。意味著「必須在規定的時間、地點，就案件所涉及的問題做出說明」，也就是會受到黨部的詢問與調查。通常爲期兩週、會在黨部相關機關場所內進行，如果疑

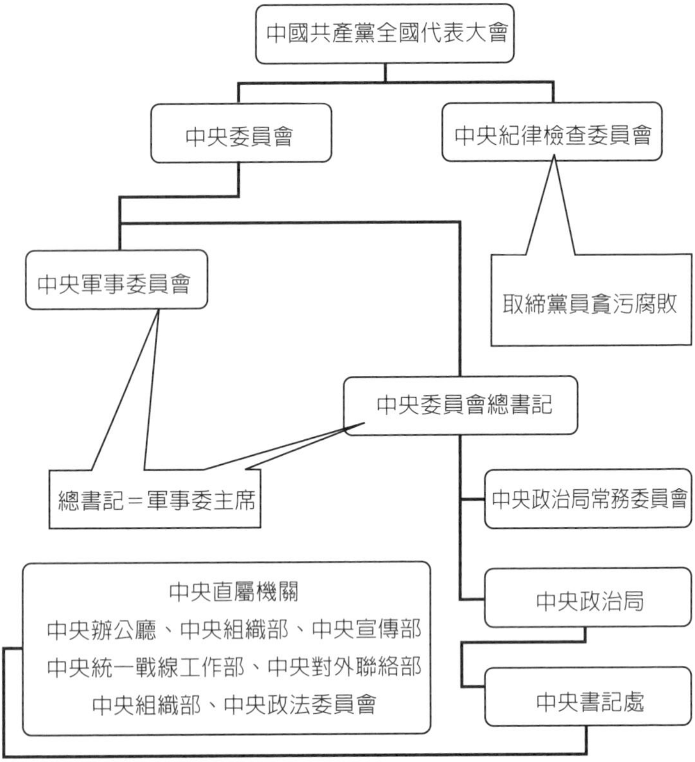

圖2　中國共產黨中央組織圖

慮不變，就不透過公安（警察）而直接引渡至檢察官、進入司法程序。受到「雙規」，也意味著政治上的「失勢」，過去曾有北京市及上海市委書記、政治局委員層級，發生貪污腐敗事件，最近也有國務院部長層級及地方書記、市長層級的高階幹部遭到舉發。中央紀律檢查委員會的最高階書記是由政治局常務委員兼任。

中央委員、政治局委員、政治局常務委員

於黨代會中進行中央委員的投票（第一次中央委員會全體會議），選出總書記、政治局委員、政治局常務委員等黨中央的最高領導階層，但是僅會對外公布結果。政治局委員人數並不固定，有情報指出會實施差額選舉，但是無法確認。

政治局常務委員雖然有序列，但是政治局委員則是依姓氏筆畫順序排列。中央委員會全體會議每年僅召開一次，一般被稱之為「中央」的就是這些政治局委員。

政治局常務委員基本上會是奇數，一般認爲是爲了在決議時進行多數決，但如前所述，前總書記趙紫陽的秘書鮑彤曾明確表示至少在一九八〇年代，原則上都是處於「全會一致」的狀態（朝日新聞中國總局，《紅の党》）。一九八〇年代後期的鄧小平時代，黨內曾有秘密決議。一九八七年十一月黨第十三屆一中全會通過決議「最終裁決仰賴鄧小平指示」。一九八九年五月，學生運動正值高潮之際，趙紫陽與訪中的戈巴契夫蘇聯共產黨書記長（當時）會面時洩漏了「最終裁決仰賴鄧小平同志指示」的黨內規定。該段發言的政治背景本來是趙紫陽希望能藉此讓自己當時的困境起死回生，然而洩漏這個祕密決議卻是罪加一等，趙紫陽被迫交出總書記的位置，後來也一直無法恢復名譽，最後於二〇〇五年一月辭世。

黨領導層的世代交替

中國共產黨的歷史將毛澤東、周恩來等建國時的領導人稱之爲「第一代」，鄧小平等人爲「第二代」，江澤民、胡錦濤爲「第三代」。接著，「第四代」則是現任執政的習近平等人。然而，「世代」這個稱呼的定義相當困難。因此，最近開始改用出生年來表示，例如：採用「五〇後」（一九五〇年代出生）的說法。接下來就藉由這種年代的區分方法，來看黨內領導單位各層級的特徵。

近來，中國的黨、政府幹部嚴格執行退休年限制度，使得世代交替快速進行。最上位的政治局常務委員雖然沒有年齡限制，但是政治局委員層級卻有「七上八下」的說法。也就是說「六十七歲留任，六十八歲退休」。從出生年份來看，一九四〇年代出生的領導幹部到了二〇一二年的黨代會，幾乎都已經退休。政治局委員等級的狀況幾乎都是「五〇後」。「五〇後」的領導幹部差不多已經晉升到地方書記、國務院（政府）部長（大臣）層級，地方書記也漸漸交棒給「六〇後」（一九六〇年代出生），地級市長目前大多是「六〇後」。

「七〇後」（一九七〇年代出生）的領導幹部還很少，但是仍有部分已爲省廳長層級、部分縣級市長誕生。雖然新聞媒體說已經出現七〇後領導幹部，不過都還是屬於特例。然而，省級的共青團書記則大多爲「七〇後」，顯示「七〇後」已經開始陸續成爲候補幹部。

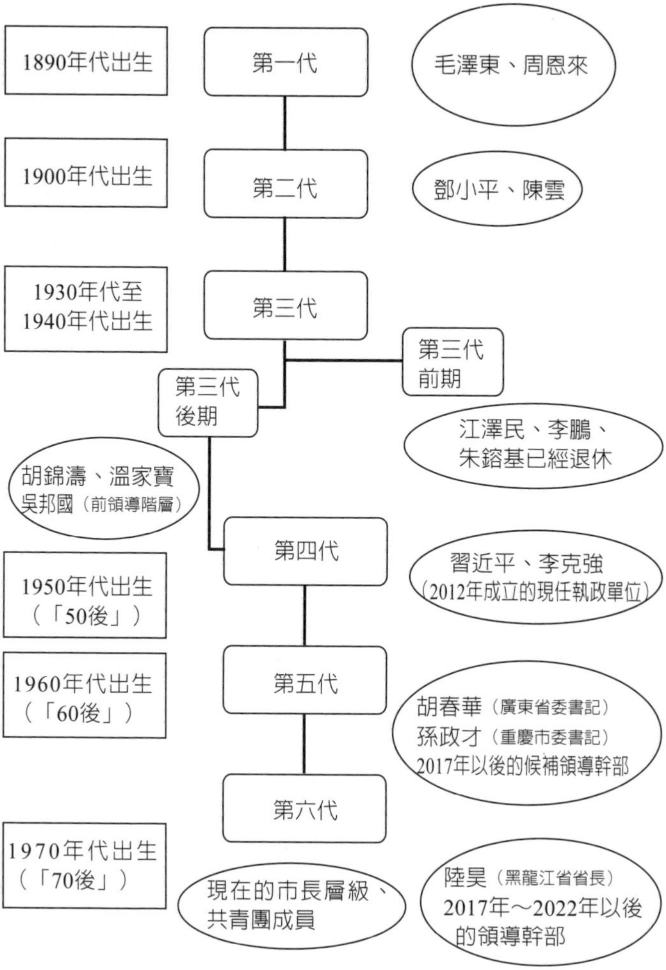

圖3　中國共產黨領導人的世代交替

表3　東京大學VS.哈佛（留學生・研究員接收狀況比較）

	東大	哈佛
接收留學生（2012年度）	1067	582
接收研究員（2012年）	594	818
中央委員（有留學・研究員經驗者）	0	3
中央候補委員（同上）	2	9

註：①東大的留學生人數為2012年5月的人數（東大網頁）。
②東大根據「研究學者交流制度」接收研究員，這裡為2012年的實際狀況。
③哈佛的數字來自Harvard International Office。
④中央委員・候補委員為稻垣自行調查之數字。

最近這些領導幹部的特徵是高學歷化，擁有博士頭銜的領導人已經不再稀奇。此外，地方書記、正副部長層級也開始出現歐美留學派、取得ＭＢＡ學位、碩士學位者。此外，地方領導幹部當中被拔擢參與研修制度、有哈佛大學經歷者也不在少數。但是，卻極少有人前往日本留學，中央層級的領導幹部當中幾乎沒有留日的。黨內高階幹部子弟通常都會送去美國，而且壓倒性地前往哈佛大學留學。可以想見中美關係的密切度。

企業內的共產黨

訪問中國公司（企業）時，大廳經常掛有公司各層樓的導覽看板。可以清楚得知各個層樓內的單位部署。然而，其中卻有個在西方企業中未曾看過、名稱詭異的樓層。也就是「（○○企業）○○共產黨委員會」的房間。中國內政府、企業、學校、醫院等所有組織機關都是黨的分部。這個國家是由共產黨一黨獨大，所有的決定都要依循共產黨，因此為了貫徹並且讓所有人得知相關政策決定，必須在基層形成分部。

企業內最高階層的領導幹部是企業內共產黨分部的書記，總經理（社長）、工廠廠長負責工廠的營運與業務，但是位階排在第二或是第三。然而，筆者在拜訪地方政府或是企業時，依訪問團的性質或是目的，即使要求要與黨書記會面也很不容易。基本上會由行政負責人出面，企業的話則是由總經理或是副總經理（副社長）出面（然而，黨書記若身兼行政主管的話則另當別論）。一般而言，會是「黨政分離」、「政經分離」，黨書記比較少兼任企業層級的主管，地方行政層級方面的黨書記與市長會是由不同人擔任，地方議會的人民代表大會主任則通常會由書記兼任。

三十一個直轄市、省、自治區中，北京、上海、天津、重慶四個直轄市以及廣東省是由政治局委員兼任書記。其中天津市委書記一直以來都是政治局委員，經過二〇一四年十二月人事異動後，目前由中央委員黃興國代理。其他省、自治區書記兼任人民大會主任。中共目前因為高階幹部貪污腐敗等情況蔓延，各地也發生民族對立、暴動等而引發各種社會不安。人民對黨的不信任感提高，中共可以說是正面臨著生死存亡危機邊緣。兼任黨職與行政職或許是為了強化地方的基盤。表面看起來政黨與行政是「雙主角」，但是其實黨書記擁有全部的權力。

外資企業與共產黨

最近外資企業進出中國時喜歡採用獨資（百分之一百出資）型態，而非合併方式。選擇獨資的理由往往是因爲討厭黨的干涉。位於天津的日本大型引擎製造商與國有企業合併，成爲中央直轄的大型企業。當然，工廠的最高領導幹部是黨書記。雖然該黨書記不一定會介入干涉，但是日系總經理（社長）卻仍感嘆「中央干涉過多，我們這邊的意見都無法伸張」。

相反的，廣州某間大型汽車製造商的狀況則是黨書記與黨委員會全數存在，成功地讓地方與政府的關係緊密結合。深圳某間大型精密機械製造商是最初進入深圳的獨資製造商，進入時雖然有受到市政府當局的支援，但是之後卻「變得冷淡」，日本總經理相當擔心與市府當局的溝通渠道變窄。獨資企業方面，工廠、企業營運皆視爲外資，所以可能無法獲得地方政府的支援。此外，合併的好處是中國的合作夥伴可以幫忙與地方政府斡旋，讓外資經營者專心經營事業。

不論是哪一種經營模式，平常與地方的黨、政府建立人脈並且交換情報，才是在中國做生意的重點。日本企業忌諱黨委員會的存在、不願設置工會，想要直接將在日本經營的那一套搬到中國實行。然而，請別忘記中國是一個共產黨國家，經濟系統還處於「開始改變成市場經濟的階段」，因此政策決定、外匯政策、外資政策等都會交由黨中央進行政治性的、經濟性的判斷。不論是在中央還是地方，一些重要的專案最終還是要由黨部進行最終決定。在進行相關決定時，蒐集資訊、經營人脈，都是與黨相關人員（包含政府主要官員）建立溝通渠道時所不可或缺的。

國有企業代表

二〇一二年黨代會選出的三百七十六位中央委員，候補委員當中也有企業代表。所有的國有企業代表，都不是董事長而是總經理。二〇〇七年黨代會中，從企業界選出中央委員一名、中央候補委員二十三名。二〇一二年黨代會中，中央委員增加七名，相反的，中央候補委員減少十九名。隨著企業代表人數增加，選出的業界也更多元化。第十七屆中央委員僅有核工業，候補委員有鋼鐵、石油、船舶、家電、銀行等。第十八屆中央委員則擴大到石油、航空、宇宙工業、銀行等，候補委員方面更是從核工業、石油、電力、通訊、航空、鋼鐵、電子、家電、銀行等範圍更廣的業界中選出。

中國長期跟隨著這些年輕且高學歷的領導幹部步伐，從以往重視意識型態的情形，開始變得更加重視經濟合理性。中央委員選舉是依黨中央的判斷進行，並沒有依業界推薦，但是中國共產黨若要維持政權，勢必要進行自我變革。

中國強調「市場經濟快速前進」、「世界工廠」、「世界市場」等，但是中國依然是個社會主義國家，經濟制度方面還必須充分經歷嚴苛的市場經濟化轉換期。究竟要將黨或是書記的存在視爲風險，還是人脈？雖然答案已經很明確，但是只要中國共產黨存在的事實不變，與中國往來就是在與共產黨往來。

第四節　國務院（中央政府）

國務院的組成

中南海是黨中央的所在地，同時也是國務院（中央政府）的所在地。如同日本的霞之關，並非所有的政府部門都位於中南海內部（所在地請參照第一章第七節）。在二〇一五年時點下，國務院下的主要機關（部會、委員會等）有二十七個，外交部、國家發展改革委員會、財政部、中國人民銀行等全部都位在中南海周邊。此外，國家統計局、國家旅遊局等直屬機關也都在中南海外側。中南海內有一些國務院偏行政事務性質的機構，例如副總理以上的辦公室以及輔佐相關事務的國務院辦公廳（秘書室）等。總理辦公室也位於中南海內，官邸（總理自宅）則位於中南海外側。此外，中南海內部還有秘書的家庭式住宅以及提供從各地方前來出差者專用的住宿設施。

國務院各部、委員會等也都有黨組織的涉入，最高領導幹部爲書記，通常各部部長（大臣）＝書記。然而，在二十七個機關部會、委員會當中，也有導入「雙首長制」的部署單位。也就是說，可能會同時擁有部長與書記的頭銜。這些人事頭銜在某些部署內會出現「〇〇部長」與「〇〇部書記、副部長」的變化。例如：現在的科學技術部，由於部長並非共產黨員，因此會由副部長擔任書記。任命共產黨員以外的人士（日本的說法是民間大臣），已經睽違三十年之久。

與黨中央區（甲區）不同，國務院區（乙區）出入的人口相當複雜，海外重要人士也有機會得以進出。如第一章所述，總理以及包含國務委員在內的副總理與海外重要人士會面的場所往往會選在中南海的「紫光閣」。這裡是明代的建築物，以往是皇帝用來接見外國使節的地點。此外，也曾經是舉行「科舉考試」的場所。筆者曾於一九九四年偕同三菱集團代表團總理與國務委員會面，紫光閣是一個可以讓人感受到歷史風韻的場所。

國務院常務會議

除了紫光閣以外，國務院區（乙區）內應該也有可讓外國人出入的會議室，供國務委員或具有相關經驗者與外國人士或外國媒體會面時使用。

國務院主要是一個接收黨部決定、針對國內重要議題實施具體政策的機關。常務會議相當於日本的閣議（內閣會議），成員有總理、副總理、國務委員以及秘書長（內閣國務大臣），原則上每週三中午前會在中南海乙區的第一會議室進行。常務會議中會針對所得稅減稅、垃圾處理問題、市民生活相關之各個政策進行討論，並且決議、公布該條例、法案等。

國務院常務會議中的決定事項，會發布於當天傍晚的中央電視台新聞上。一般而言，常務會議中的情形並不會以影像方式露出。二〇一一年十一月某天的常務會議卻相當罕見地將會議狀況透過電視影像介紹給民眾。當天的主要議題是備受海內外矚目的「溫州列車事故調查報告」，想要藉此向海內外宣傳中央政府重視該事故的態度。恐怕顯得有些畫蛇添足，溫家寶總理以下的出席人員皆以未繫領帶的工作服形式與會。

全國官員齊聚一堂的國務院全體會議，每年會召開二、三次。除了常務會議、全體會議以外，還有各種國務院相關會議，都會在中南海召開。但是，像是住宅、醫療、交通等各種主題，也會以視訊會議的方式與相關地方政府開會，並且對外公開該會議情形。

緊湊的行程

然而，讓人感到焦躁不耐的是，中國並無法像日本首相官邸網站那樣刊載「總理的一天」，由新聞記者隨時訪問取材，或是也沒有定期的記者會等可以公開行程資訊。一些總理層級的人物卸任後才會公開發表類似值勤日誌的回憶錄（例如：李鵬，《市場與調控——李鵬經濟日記》），翻閱該類書籍後會發現總理層級的行程是非常繁忙緊湊的。除了例行的國務院常務會議（內閣會議）外，還有總理事務會議（秘書會議）以及與黨部的聯絡會議等，行程安排得非常緊迫，甚至往往必須執勤到深夜。

此外，來自地方的陳情團體也很多，爲了應付這些事務往往疲於奔命。某位曾任溫家寶（二〇〇三～二〇一三年在職）總理秘書的人物來自於廣西壯族自治區的某個村落，是畢業於北京大學的菁英，可以說是該村最飛黃騰達的人。是一名相當於以往中科舉狀元（於皇帝舉辦最終考試時獲得第一名者）的優秀人才，他在「中南海」擔任總理秘書的美談佳話在故鄉內流傳。從該村落前往北京出差的地方官員，對於能夠（進入中南海）與他見面簡直覺得自己在作夢。

中國元首的動態瞬息萬變，必須頻繁進行地方視察或是前往地震等災害現場。如同所謂「移動的中南海」，總理的地方視察勢必會有主要幕僚官員或是智囊團隨行，因此也會在移動中的列車或是飛機內進行會議，這是在其他國家中未曾見聞過的。

國務院智庫之一，也就是「國務院發展研究中心」位於朝陽門內大街上，總理、副總理的智囊團——「國務院研究室」則位於中南海。智囊團與智庫研究員會與國外研究機構及研究員之間頻繁交流，此外，也可能會進行個別的訪問。

李克強內閣的世代組成

檢視李克強內閣的世代組成情況，會發現地方人事幾乎沒有進行世代交替。別說是總理，連國務委員、部長層級的也都沒有「六〇後」（一九六〇年代出生）的人物。「四〇後」（一九四〇年代出生），實際上也都是「四〇尾」（一九四五年後），例如：副總理、國務委員層級以及部分留任（續任）官員。與溫家寶內閣比較起來，部長層級的「四〇後」從十二位大幅減少至五位，這部分空缺挪至「五〇後」。

表4　國務院部長層級的黨內地位比較

	溫家寶內閣		李克強內閣	
	國務委員	部長・主任・銀行行長	國務委員	部長・主任・銀行行長
政治局委員	1	0	0	0
中央委員	4	21	5	22
中央候補委員	0	2	0	0
黨員	0	2	0	2
非黨員	0	2	0	1

註：依中國方面發布的名冊，由稻垣製表。

表5　李克強內閣的世代組成比較

	溫家寶內閣		李克強內閣	
	總理・副總理・國務委員	部長・主任	總理・副總理・國務委員	部長・主任
「40後」	9	12	4	5
「50後」	1	15	6	20
「60後」	0	0	0	0
小計	10	27	10	25

註：李克強內閣中包含鐵道部與衛生部，部長人數減少2位。

過去，史上最年輕的部長——交通部部長張春賢（一九五三年生，現爲新疆維吾爾自治區書記）就任時才四十九歲。此外，同樣於二〇〇三年就任鐵道部部長的劉志軍（一九五四年生，後因疑似貪污而失勢）也於四十九歲擔任部長。本屆李克強內閣成員中最年輕的部長是五十六歲的國家民族委員會主任王正偉（一九五七年生）。與地方最年輕的省長陸昊（黑龍江省）相差了九歲。國務院（中央政府）方面似乎比地方政府更沒有進行大幅度的世代交替。王正偉自第十六屆（二〇〇二年）起即是中央委員，在第十六屆中央委員當中，當時四十五歲的王正偉是最年輕的委員。

中央與地方

然而，就如同「政令不出中南海」（「政令無法傳出中南海」，中央政府的方針無法貫徹至地方），中央的政策方針要能夠貫徹至地方相當耗時，而且有時也會看到地方無視於政令的情形。另一方面，對地方領導幹部而言，與其說是希望被指名爲中央委員，其實更是覬覦在中央的地位，因此對「中南海」展現出忠誠度並且在地方做出實績更是重要。

對地方幹部來說，「中央」的存在非常龐大，和日本所謂「中央官廳」這種程度的份量完全不同。曾經在某個宴會上，有機會和地方幹部與中央幹部（候補人選）同席。中央幹部只不過是一名部長助理（非部長秘書，也非特助），但是當筆者坐在兩者之間時，該名地方局長的發言令人印象深刻。他說：「因爲那邊是中央」。所以「中南海」的聲音只會傳到那邊爲止。進入「中南海」是指「進入中央」，擁有「中南海」內的人脈更是相當重要，是拓展仕途的重要歷程。每一個人都期望「進入中南海」。想要拿到一躍龍門「進入中南海」的敲門磚，就是要先成爲中央委員。

Chapter 4

中南海內有哪些人

第一節　誰曾「進入中南海」

(1)政治局常務委員

以中國共產黨爲執政黨的中國，最高意思決定機關爲黨中央政治局常務委員會。二〇一二年第十八次黨代會決議的政治局常務委員人數從第十七屆的九位減少爲七位。再者，二〇一七年第十九次黨代會中，目前七名常務委員當中除了習近平與李克強外，其他五名因年齡限制（中國最高領導人的「退休年齡」爲七十歲，但是實際上六十七歲左右即是退休年齡）與「禁止三連任」（「黨政領導幹部職務任期暫行規定」，二〇〇六年八月），而不得不退休（王岐山方面請參照第二〇六頁）。

因此，二〇一七年第十九次黨代會的人事將可能有大幅度的更動，「中南海內的住戶」也將有大幅度的變化。常務委員的候補人選是從現有十八名政治局委員中挑選，沒有所謂的「跳級晉升」（街頭巷尾揶揄爲「空降幹部」）。

再者，人數很可能會從七名再恢復成九名。此外，大家經常提到的「太子黨」（高階級幹部子弟）人才逐漸稀少，共產主義青年團（共青團）出身者相對有增加的趨勢。

表6 政治局常務委員·政治局委員·中央委員的人數變化

	第15屆（1997年）	第16屆（2002年）	第17屆（2007年）	第19屆（2012年）
政治局常務委員	7	9	9	7
政治局委員	22	24	25	25
中央委員	193	198	204	205
中央委員候補	151	158	167	171

⑵政治局委員

第十八屆的政治局與第十七屆的狀況一樣是由二十五名委員組成。其中，常務委員七名、政治局委員十八名。十八名政治局委員的布局是劉延東、李源潮以及汪洋三位留任（無法升格爲常務委員），其餘十五名爲新任。各原本所屬單位是黨中央三位、軍方兩位、國務院兩位、全人代一位，剩下九位爲地方書記。常務委員中雖然沒有女性，但是由於候補中的劉延東留任，因此福建省黨委員會書記（當時，現爲統一戰線工作部長）孫春蘭成爲政治局委員、成爲晉升至常務委員張高麗的接班人，並且轉任爲天津市委書記。政治局委員當中曾有兩名女性，是文革時一九六九年第九屆中央委員會中毛澤東夫人江青與林彪夫人葉群。

後來，到了二〇一四年十二月才有孫春蘭接替失勢下台的令計劃，就任統一戰線工作部長。黨部四大天王（組織部長、宣傳部長、統一戰線工作部長、對外聯絡

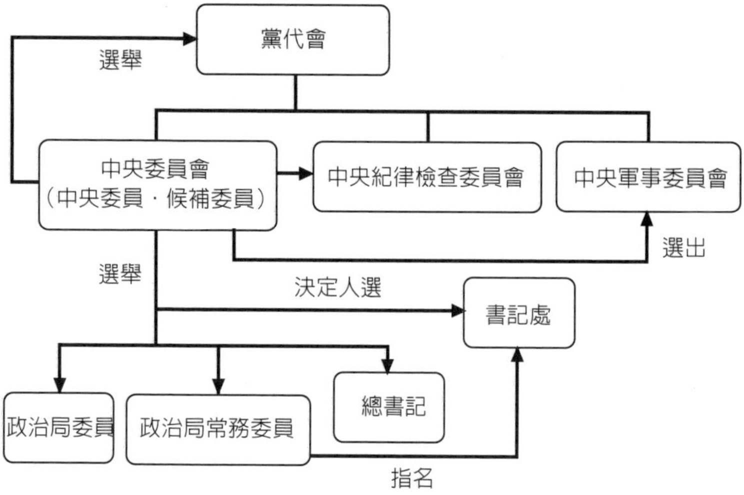

註：全國三分之一的省提出要求，即可召開黨代會。中央委員及候補委員必須有5年以上的黨資歷，政治局委員以上禁止3連任（「黨政領導幹部職務任期暫行規定」、2006年8月），國家領導人禁止3連任係依憲法規定。

政治局委員的年齡限制為70歲，但是最近傾向於「7上8下」（67歲前可留任，68歲則必須卸任）。

圖4　中央委員・政治局委員的選舉流程

部長）中，組織部長趙樂際、宣傳部長劉奇葆兩位部長爲政治局委員層級。相對於此，統一戰線工作部長、對外聯絡部長的黨內地位爲中央委員層級，特別是統一戰線工作部長罕見地由政治局委員擔任。由擔任福建省委書記、深受習近平信賴的政治局委員孫春蘭接任、強化對台工作，恐怕是試圖想要抹滅曾任統一戰線工作部長令計劃的負面形象。孫春蘭到了二〇一七年黨代會時已屆「六十七歲」。在就任政治局常務委員的年齡方面可以說是非常接近年限，但是仍無法排除首位女性就任政治局常務委員的可能性。

此外，孫春蘭的接班人爲天津市長黃興國（中央委員，一九五四年生），黃亦同時代理天津市委書記。天津市委書記的位置歷代都是政治局委員，但是二〇一七年黨代會之前由其他政治局委員取代黃興國的可能性較低。黃興國是習近平在浙江省時代的部屬，兩人的關係非常要好。而且，黃興國到了二〇一七年才六十三歲，晉升爲政治局委員的可能性高，晉升後即可正式擔任天津市委書記。

政治局委員層級在黨中央就是組織部長等，在國務院就是副總理，在地方就是北京、上海、天津、重慶、廣東等主要地方書記。新人事命令中備受矚目的部分是「六〇後」的代表，預測可能會於二〇一七年黨代會入選常務委員的有重慶市委書記孫正才（一九六三年生）與廣東省委書記胡春華（一九六三年生）等兩名。然而，同樣爲「六〇後」潛力股的湖南省委書記周強（一九六〇年生）結果卻沒有進入政治局。因爲出身於法律界名門學校——西南政法大學的周強爲了要擔任最高人民法院院長，而從「習近平後」的接班人路徑上退了一步。

(3) 中央書記處書記

黨中央書記處爲執行黨部日常行政業務的機關。書記處從第十七屆的六名到第

表7　政治局常務委員・政治局委員的變化

	第16屆（2002年）	第17屆（2007年）	第18屆（2012年）
總書記	胡錦濤（60）	胡錦濤（65）	習近平（59）
政治局 常務委員	胡錦濤（60） 吳邦國（61） 溫家寶（60） 賈慶林（62） 曾慶紅（63） 黃　菊（64） 吳官正（64） 李長春（58） 羅　幹（67）	胡錦濤（65） 吳邦國（66） 溫家寶（65） 賈慶林（67） 李長春（64） 習近平（54） 李克強（52） 賀國強（64） 周永康（65）	習近平（59） 李克強（56） ○張德江（66） ○俞正聲（67） ○劉雲山（65） ○王岐山（64） ○張高麗（66）
	平均年齡　62.1	平均年齡　62.4	平均年齡　63.3
政治局委員	王樂泉（58） 王兆國（61） 回良玉（58） 劉　淇（60） 劉雲山（55） 吳　儀（64） 張立昌（63） 張德江（56） 陳良宇（56） 周永康（60） 俞正聲（57） 賀國強（59） 郭伯雄（60） 曹剛川（67） 曾培炎（64）	王　剛（65） 王樂泉（62） 王岐山（59） 回良玉（63） 劉　淇（65） 劉雲山（60） 劉延東（62） 李源潮（57） 汪　洋（52） 張高麗（61） 張德江（61） 俞正聲（62） 徐才厚（64） 郭伯雄（65） 薄熙來（58）	○馬　凱（66） 王滬寧（57） ○劉延東（67） 劉奇葆（59） 許其亮（62） 孫春蘭（62） 孫正才（49） ○李建國（66） 李源潮（62） 汪　洋（57） 張春賢（59） ○范長龍（65） ○孟建柱（65） 趙樂際（55） 胡春華（49） 栗戰書（62） ○郭金龍（65） 韓　正（58）
	平均年齡　59.8	平均年齡　61.1	平均年齡　60.3

註：（　）內為就任時的足歲年齡。第18屆中打○記號的人物於2017年退休的可能性較高。

十八屆又增加一名，成爲七人制。第一書記劉雲山是日常黨務的負責人，第十七屆後再度續任。劉也擔任政治局常務委員。

除了劉雲山以外，書記處成員全都是新任。中央書記處的組成成員是黨三大天王（一直以來都是中央辦公廳主任、中央組織部長、中央宣傳部長），他們同時也是政治局委員。

本屆書記處有一位新任、出身蒙古族，擔任國家民族事務委員會主任的楊晶加入。同樣爲新成員的杜青林爲第十八次大會前的統一戰線工作部長，印象中大會之前還是曾與令計劃交接過的政治局委員候補人選，但是後來卻未能入局，被派到書記處。令計劃於二〇一四年十二月二十二日因疑似違反紀律而失勢下台。

(4) 中央委員

中央委員會以及中央候補委員會在黨代會上，投票選出總書記、政治局常務委員以及政治局委員，並且替換作爲中央委員預備軍的紀律檢查委員。二〇一七年前的五年，便是由這四百位新中央委員掌控著全中國十三億人口的走向。雖然必須特別注意最高階的人事狀況，然而，如果是要預測今後十年、十五年的體制、人事變化，觀察這些中央委員、候補委員、紀律委員的成員變化也相當重要。

本屆所選出的二十五位政治局委員當中，幾乎有一半的委員在十年前的第十七屆黨代會上還只是一般黨員，或者只不過是候補委員。反過來說，本屆的中央委員等名冊當中，很可能就包含著十年後或是十五年後能夠進入最高領導階層的成員。

兩百〇五位中央委員中有部分已經進入了政治局，具備五年後晉升更上一層樓，也就是政治局常務委員的條件。一百七十一位中央候補委員當中可能也包含十年後進入政治局，或是一口氣往上衝、晉升成爲領導階層的人物，如同字面上的意義即是「候補」領導人。

首先，從中央委員成員的特徵來看，「五〇後」（一九五〇年代出生）爲中堅世代，也會選出部分「六〇後」（一九六〇年代出生）的領導人。然而，卻沒有「七〇後」（一九七〇年代出生）的中央委員。中央委員基本上是以地方書記、省長、國務院部長（官員）等「正級」幹部爲主。企業代表中，有國有企業、全球企業（財富世界五百大企業），但是沒有民營企業的代表。

畢業的大學通常是吉林大學（黨部官員）、中國人民大學（政府官員）、西南政法大學（法律界、紀律委）。也有很多出身於中央黨校的人，該校是中國國內的幹部養成學校。最近的幹部會參加中央黨校的研習課程，一些優秀的年輕領導幹部人才還會到美國哈佛甘迺迪政府學院（John F. Kennedy School of Government，Harvard Kennedy School或HKS）參加公共政策管理的短期研習課程。從這裡看來，哈佛大學也可以說是「第二中央黨校」。

兩百〇五位第十八屆中央委員當中，有三名失勢、遭到解任，由三名候補委員晉升遞補。

(5) 中央候補委員

如同字面上的意義，中央候補委員距離中央委員的位階僅差一步，機制設定是當中央委員有缺額時即可依序遞補。因此，相對於中央委員名單是以姓名的簡體字筆畫順序排列，候補委員必須公布得票數順序。從最多票的開始依序晉升。

中央候補委員的成員從年齡來看，會比中央委員來得年輕。成員中，沒有「四〇後」，是以「五〇後」爲核心，但是大多集中在五〇年代後半期。再者「六〇後」的中央委員僅有九位，候補委員卻有六十八位，占整體的四成。眞的就是「候補」。

從地方、國務院等組織來看，是以副書記、副省長、副部長層級爲主。從企業來看則全部都是大型國有企業，部分事前預測可能會進入候補的像是建設機械製造商三一重工的梁穩根、江蘇省紅豆纖維集團的周海江、華西集團的吳協恩等民營企業幹部，別說是成爲中央委員，連候補委員名單都進不去。

中央候補委員當中，深圳證券交易所宋麗萍總經理等兩人有在日本留學、研習過的經驗，與九位有美國哈佛大學留學經驗者比較起來，差距立現。在人脈形成方面，能讓中美關係親密者應該會更醒目。

第十八屆中央候補委員當中，目前已有五位因疑似違反紀律等而失勢下台，但是因爲是候補委員，所以不需再遞補。

(6) 中央委員各所屬單位的特徵

在此針對第十七屆與第十八屆中央委員以及中央候補委員的組成背景及其特徵進行比較。第十八屆各選舉單位之中央委員及候補委員組成背景，詳見表8。

從選出人數來看，中央委員及候補委員大多來自於「地方」。中國三十一個地方（省市區）最高長官（書記）及省長、市長（最高行政長官）基本上都是中央委員，副書記及（第一）副省長則爲候補委員。

「國務院」（中央政府）的官員較多，僅次於地方。國務院各機關部會（各省廳）部長（大臣）層級的會被選爲中央委員，副部長層級則與地方同樣爲候補委員。

每屆都會從軍方（解放軍）選出一定的人數。第十八屆從軍方選出的中央委

表8　第18屆中央委員、候補委員組成背景

	中央委員		候補委員	
	人數	%	人數	%
中央	20	9.8	1	0.6
地方	50	24.4	103	60.6
國務院	63	30.7	18	10.6
軍方	41	20.0	18	10.6
企業	7	3.4	19	11.2
其他	24	11.7	11	6.5
合計	205	100.0	171	100.0

註：依中央委員及候補委員名冊，由稻垣統計、整理（非官方公告）。本表數字為選出當時的所屬單位統計，亦包含後續失勢者在內（以下略同）

員比第十七屆多三位。會從各軍種（陸軍、空軍、海軍、火箭軍）、各地軍區司令員中選出。

第十八屆中央委員的基本組成背景與第十七屆相同。軍、國務院、地方幾乎是平均分配，只是軍方稍微有所增加。

企業代表方面，第十七屆僅有一家企業（中國核工業集團公司），現在大幅增加至七家企業。

檢視過去三屆各選舉單位的中央委員組成背景，如表9所示。這三屆基本上差異不大。第十八屆候補委員的組成方面，地方超越了過去的五成，達到六成，是最大的差異點。可能是爲了鼓勵地方經驗。

企業方面從石油、能源、通訊、航

空、鋼鐵等選出了十九位的候補委員。雖然是所謂的企業代表，但是在第十七屆唯一被選出成為中央代表的只有中國核工業集團公司，可能是因為擔任中央代表的總經理因疑似貪污遭到逮捕的影響，第十八屆時被「降格」為候補委員。金融機構方面，是從中國人民銀行、交通銀行、建設銀行等選出七名候補委員，但是卻沒有一個是來自於備受期待的民營企業家。

端看各地方的中央委員、候補委員以及紀律委員人數配置，各地方基本上都有兩名中央委員（書記與省長），三或四名候補委員，一名紀律委員。

從年齡組成來看，「五〇後」從第十七屆的百分之二十七大幅增加至百分之八〇．五成為主要存在的中堅世代。「六〇後」有九名，其中兩位被選為政治局委員（表10）。

表9　中央委員、候補委員組成背景變化

	第16屆		第17屆		第18屆	
	中央委員	中央候補	中央委員	中央候補	中央委員	中央候補
中央	20	7	15	3	20	1
國務院	55	13	51	13	50	18
軍方	44	21	36	19	41	21
地方	62	85	63	86	63	103
企業	–	18	1	23	7	19
其他	17	14	39	22	24	11
合計	198	158	205	166	205	170

(7) 中央紀律檢查委員會的組成背景

中央紀律檢查委員會是用來取締黨員貪污腐敗的機關，於一九八二年第十次黨代會後成立，由政治局常務委員兼任最高書記。雖然是由一百三十名委員組成，但是人數其實不太一定。三十一個省市區以及各個組織中都設有紀律委員會。一百三十名委員幾乎都是各地方、機關的紀律委成員，然而部分成員並沒有擔任紀律相關的職位，可能只是將那些脫離中央委員、候補委員的年輕有為幹部吸收到這裡。基本上各地方都會任命一位紀律委員。

紀律委員當中也有企業代表。備受矚目的是大型食品公司中糧集團有限公司董事長寧高寧，以及中國人壽保險（集團）公司董事長楊明生（一九五五年生）都是第一次被選為紀律委員。

表10　中央委員、中央候補委員的年齡別組成

	中央委員（%）	中央候補委員（%）	中央紀律委員（%）
「40後」	31　(15.1)	0　(–)	6　(4.6)
「50後」	165　(80.5)	103　(60.2)	103　(79.2)
「60後」	9　(4.4)	66　(38.6)	11　(8.5)
「70後」	0　(–)	2　(1.2)	0　(–)
合計	205　(100.0)	171　(100.0)	120　(100.0)

註：31名「40後」的中央委員當中，有14名為政治局委員。

第二節　解放軍人事與中南海

(1) 第十八屆中央委員當中，軍隊出身者

三大勢力之一

二〇一二年第十八次黨代會所選出的中央委員、候補委員當中，分別有四十一名中央委員及二十一名候補委員來自解放軍。與第十七屆比較起來，在中央委員方面少了一名，候補委員則增加兩名，其中一名是單純增額。話說回來，第十七屆的中央委員、候補委員合計比前一屆少了四名，中央委員、候補委員人數皆非定額，來自解放軍的選出人數每屆各異，但是解放軍出身者約占四十位中央委員名額，包

表11　解放軍在中央委員、候補委員中的地位

	第16屆		第17屆		第18屆	
	中央委員	中央候補	中央委員	中央候補	中央委員	中央候補
解放軍	44	21	42	19	41	21
黨中央	20	7	15	3	20	1
國務院	55	13	51	13	49	18
地方	62	85	63	86	64	103
企業	2	18	2	23	7	19
其他	15	14	32	22	24	10
合計	198	158	204	167	205	171

註：本表數字為選出當時的情形，非官方公告，由稻垣統計。

表12　7大軍區與中央委員、候補委員

	中央委員	候補委員	備註
北京	2	2	候補委員為副政治委員及38軍長
蘭州	2	1	1位中央委員為新疆司令，候補委員為政治部主任
濟南	2	1	候補委員為副司令
南京	2	2	候補委員為參謀長與政治部主任
廣州	2	2	候補委員為空軍司令及南海艦隊司令
成都	2	1	1位中央委員為西藏自治區司令，候補委員為副司令
瀋陽	2	2	候補委員為軍長及政治部主任

註：本表數字為選出當時所屬情形

含候補委員則約六十名，占中央委員、候補委員整體人數的百分之十五左右，是與國務院、地方併稱的三大勢力之一。從七大軍區（瀋陽、北京、蘭州、濟南、南京、成都、廣州）分別選出的中央委員人數來看，中央委員方面，七大軍區每區皆選出兩名。這兩名通常是軍區司令與政治委員，是軍區的No. 1與No. 2。然而，蘭州軍區與成都軍區方面，卻是從軍區司令及大軍區旗下選出中型軍區司令。

候補委員方面，從北京、南京、廣州、瀋陽各軍區選出兩名，蘭州、濟南、成都三軍區則選出一名。候補委員通常爲各軍區的副司令員，但是僅有北京的一個名額是三十八集團軍長。被稱之爲最強部隊的三十八集團軍（駐地：河北省保定）在人事方面也相當受到重視。從中選出來的這號人物是許林平（一九五七年生），曾有在俄羅斯軍事學院留學的經驗，是一名被視爲資訊戰爭專家的少將。

政治局委員層級以上、來自軍方者

軍方出身的中央委員當中，政治局委員層級以上者僅有三名。然而，擔任中央軍事委員會主席、政治局常務委員的習近平並不是軍人。由軍人擔任政治局常務委員的案例有文革時期的林彪（軍事委員會副主席、國防部部長，一九五九～一九七一年在職）、第十～十二屆的葉劍英（軍事委員會副主席、國防部長，一九七三～一九八六年在職），李德生（瀋陽軍區司令，一九七三～一九七五年在職），一九八九年第二次天安門事件後的人事狀況僅剩下劉華清（一九九二～一九九七年在職），最近（政治局常務委員）已不是七人小組，然而九人當中還是沒有軍人參與。

兩名軍事委員會副主席，按照慣例會擔任政治局委員，但是第一副主席范長龍（六十五歲，陸軍出身、上將）卻於二〇〇二年第十六屆時與汪洋副總理暨政治局委員等同樣列爲候補委員。不過范於第十七屆、第十八屆連續被選爲中央委員，但隨著軍隊資歷不斷累積，黨資歷也以異於往例的速度晉升。

同樣身爲副主席的許其亮比范長龍的黨資歷更深，一九六七年入黨，從一九九二年第十四屆開始進入中央（候補委員），第十五屆亦爲候補委員，但是從第十六期開始連續三期都當選爲中央委員，軍隊資歷方面也保持著「史上最年輕」的紀錄。許其亮的父親（許樂夫）爲前空軍副政治委員。

(2) 依世代來看軍方領導幹部的組成情形

八成是「五〇後」

依世代來看軍方出身的中央委員、中央候補委員組成情形，皆有八成是「五〇後」，也就是一九五〇年代出生的世代。特別是候補委員，軍隊內部也開始有年輕化的趨勢。中央候補委員「五〇後」的比重占了百分之六〇。然而，相對於整體中央候補委員「六〇後」接近四成，來自軍方的「六〇後」卻僅有四名，軍方的「六〇後」是否能成爲下一屆的領導核心，還有待觀察。

用表示軍人階級的軍階來看中央委員、候補委員分布狀況，中央委員方面中將、上將合計共三十八名，中央委員幾乎都是中將以上的層級，上將占了一半以上。於黨代會中被選爲中央委員，就要擁有符合該層級的軍方職位，因此黨代會

表13　依世代來看軍方出身的中央委員組成情形

	中央委員	候補委員	小計
「40後」	6	0	6
「50後」	33(80.5)	17(80.9)	49(79.0)
「60後」	0	4	4
總計	39	21	59

註：（　）為百分比

表14　依軍階來看中央委員、候補委員的組成情形

	中央委員	候補委員	小計
上將	22	0	22
中將	16	9	25
少將	1	10	11
總計	39(41)	19(21)	58(62)

註：包含武裝警察。總計內的（　）為所有解放軍人數

後有接近十名的軍階被任命爲上將。後面還會再詳細敘述，我們可以當作這是有制度地進行黨內地位——軍方職位——軍階這三個地位與階級的人事安排。

軍方主要領導幹部大約都是在十六歲～十八歲之間入伍。也就是說，國中畢業或是高中畢業時就進入軍隊，之後通常會繼續就讀軍幹部學校、各軍種軍事學院、國防大學等或是研習。中央委員當中雖然很少有博士頭銜的軍人，但是卻逐漸出現在候補委員方面。因爲在武器近代化以及資訊戰爭

時代下，必須多多學習軍事技術相關知識。與文人幹部不同，軍方幹部很少有海外留學經驗者，且留學地點大多是俄羅斯。黨內現在流行到美國哈佛大學進行行政幹部研習，今後應該也有至歐美進行軍事研習的機會。

國家中央軍事委員會

國家中央軍事委員會與軍方最高意思決定機關——黨中央軍事委員會的成員相同。成員有十一名，除了主席習近平以外，剩下的十名都是軍人（穿軍服者）。國家中央軍事委員會由兩名副主席及八位委員組成，國防部長、四總部（參謀總部、總政治部、總後勤部、總裝備部）、三軍種（海軍、空軍、第二砲兵）司令員爲經常成員（第二砲兵即是火箭軍）。過去十年，成員數沒有固定，會依政治情勢進行更替。

軍方人事方面亦貫徹「七上八下」（六十七歲留任，六十八歲退休）的原則。二〇一二年黨代會前一晚的軍方人士預測，先在副主席候選人方面提出了許其亮的名字。許也如預期以空軍出身之姿初次走馬上任，專注觀察胡錦濤主導的人事命令後，發現此舉給一直以來以陸軍爲主的人事命令帶來了新氣象。同樣傳聞應會就任副主席的常萬全（六十三歲）卻沒有擔任副主席，而於黨代會隔年的全國人大會上就任國防部長。曾被指出是因爲沒有總參謀部的相關資歷，因此沒有辦法擔任副主

表15　黨中央、國家中央軍事委員會名冊

	姓名	黨內地位	兼任職務（前一職務）
主席	習近平（1953）	政治局常務委員·總書記	升格（副主席）
副主席	范長龍（1947）	第18屆政治局委員，上將	前濟南軍區司令員（大幅度拔擢一第一副主席）
副主席	許其亮（1950）	第18屆政治局委員，上將	前空軍司令員（專任副主席）（與胡錦濤親近）
委員	常萬全（1949）	第18屆政治局委員，上將	國務委員·國防部長
委員	房峰輝（1951）	第18屆政治局委員，上將	總參謀長（前北京軍區司令員，胡錦濤的心腹，大幅度拔擢）
委員	張陽（1951）	第18屆政治局委員，上將	總政治部主任（前廣州軍區司令員）
委員	趙克石（1947）	第18屆政治局委員，上將	總後勤部部長（前南京軍區司令員）（與習近平親近）
委員	張又俠（1950）	第18屆政治局委員，上將	總裝備部部長（前瀋陽軍區司令員）（與習近平親近）
委員	馬曉天（1949）	第18屆政治局委員，上將	空軍司令員（前副總參謀長）
委員	吳勝利（1945）	第18屆政治局委員，上將	海軍司令員（海軍司令員）
委員	魏鳳和（1954）	第18屆政治局委員，上將	第二砲兵司令員（前副總參謀長）

註：姓名後的（　）為出生年。

席。然而，曾任大軍區司令員的常萬全卻是在完全沒有總參謀長或是在總參謀部任職經驗的狀況下，就任國防部長，是相當特殊的人事命令。歷屆國防部長都是由陸軍出身且具有任職總參謀部資歷者擔任。

另一位呼聲很高的副主席候選人是濟南軍區司令員范長龍，從司令員直接升格成爲第一副主席是相當特例的拔擢，也得面對衆人疑問的目光。的確，歷代的軍令系副主席全部不是有擔任過總參謀長，不然也是有副參謀長經驗的人。范長龍雖然具有擔任總參謀長特助的總參謀部任職經驗，但是與歷屆副主席比較起來，明顯地有「階級落差」，算是非常特殊的人事命令。

與范長龍同齡的總後勤部部長趙克石在軍隊方面的資歷與晉升情形，趙雖然比范早一年入隊，但是走的軍隊資歷幾乎是相同的。然而，范卻比趙早了六年擔任集團軍長，並且提早四年擔任軍區參謀長。光是晉升至中將的時間就相差三年，趙克石之後就算升到上將也無法縮短這三年的時間，二〇一二年的黨代會上，這兩人在黨內地位及軍事委員會上的地位差異立現。更凸顯出范長龍何以獲得如此這般特例晉升的疑點。

軍方內部的「太子黨」劉源（六十一歲，總裝備部政治委員、上將，父親爲劉少奇）、張海陽（六十三歲、第二砲兵政治委員、上將，父親爲軍事委副主席張震元）等人當初都被提名爲軍事委員會候選人，結果都未能進入軍事委。一些觀察家認爲二〇一二年「薄熙來事件」發生之際，這些人可能爲了擁護同樣身爲「太子黨」一員的薄熙來而失勢。

(3)軍方最高幹部的軍隊資歷模式

陸軍出身者的共通點

試著從各個角度來分析軍事委員會成員的特徵。首先，從年代來看，「四〇後」與「五〇後」各占一半。最年長的是一九四五年出生的吳勝利（海軍司令員），最年輕的是一九五四年出生的魏鳳和（第二砲兵司令員）。

從軍隊出身來看，十位當中有六位是陸軍出身，兩位出身於空軍，海軍、第二砲兵各一位，顯示陸軍仍爲主流。

除了習近平之外，比較其他十位的軍隊資歷，很明顯發現人事方面有一定的晉升模式（參照表16）。首先，在軍事委員會成員當中，陸軍出身者的共通點是都走在「集團軍軍長——軍區參謀長——大軍區司令」的仕途上。軍事委副主席范長龍、常萬全、房峰輝等三人雖然隸屬不同集團軍或是軍區，但是軍隊資歷幾乎是相同的。胡錦濤的心腹房峰輝就任總參謀長算是特例大幅度拔擢，在這之前並沒有從

表16　軍事委員會成員的軍隊資歷

姓名	出身	主要經歷（軍隊資歷）	現職（兼任職務）
范長龍（1947）	陸軍	16集團軍軍長—瀋陽軍區參謀長—濟南軍區司令員	軍事委副主席
常萬全（1949）	陸軍	47集團軍軍長—北京軍區參謀長—瀋陽軍區司令員	國防部長
房峰輝（1951）	陸軍	21集團軍軍長—廣州軍區參謀長—北京軍區司令員	總參謀長
張又俠（1950）	陸軍	13集團軍軍長—北京軍區參謀長—瀋陽軍區司令員	總裝備部部長
趙克石（1947）	陸軍	31集團副參謀長—31集團軍軍長—南京軍區司令員	總後勤部部長
張　陽（1951）	陸軍	42集團軍政治部主任—42軍政治委員—廣州軍區政治委員	總政治部主任
許其亮（1950）	空軍	空軍第8軍軍長—空軍副總參謀長—瀋陽軍區空軍司令員—副總參謀長—空軍司令員	軍事委副主席
馬曉天（1949）	空軍	空軍第10軍軍長—廣州軍區空軍副參謀長—廣州軍區空軍司令員—副總參謀長	空軍司令員
吳勝利（1945）	海軍	海軍福建基地參謀長—東海艦隊副司令員—副總參謀長	海軍司令員
魏鳳和（1954）	第二砲兵	旅團長—53基地司令員—第二砲兵參謀長—副總參謀長	第二砲兵司令員

註：姓名後括號內的數字為出生年份。「16集團軍」為瀋陽軍區、「47集團軍」為蘭州軍區、21集團軍」為蘭州軍區、「13集團軍」為成都軍區、「31集團軍」為南京軍區、「42集團軍」為廣州軍區、「第8空軍」為南京軍區福州、「第10空軍」為北京軍區大同、「第二砲兵53基地」為雲南軍區昆明。

北京軍區司令就任總參謀長的案例（北京軍區司令爲其退役前最後的職位）。用軍區來看，許多傳統瀋陽軍區出身的軍人最後都會到最高領導階層。范長龍、常萬全、張又俠三位都是具有瀋陽軍區經驗者，皆有效利用以瀋陽軍區爲主的「東北組」、蘭州軍區的「西北組」（North West Army）軍隊內部人脈。

總裝備部長張又俠並非軍區參謀長，而是從副司令晉升爲司令員。擔任後勤部部長的趙克石也是從集團軍副參謀長、軍長，最後成爲司令員的類似仕途發展模式。總政治部主任張陽是透過集團軍、軍區，踏入政治這個領域的。

空軍、海軍、第二砲兵的各司令員爲各軍隊的代表，並成爲軍事委員會成員。這三名成員分別在各個軍種內執行勤務。共通點是曾擔任總參謀部副總參謀長，因此有機會可以一窺軍隊的整體面貌。許其亮、馬曉天、吳勝利、魏鳳和等四名成員雖然軍種各異，但是只要擔任過兩年左右的副總參謀長，就有機會擔任各個軍種的司令員。

歷代的總參謀長

僅從第十五屆以後的狀況來看，從來沒有人可以像范長龍那樣，從軍區司令員一口氣直升軍事委副主席。此外，過去也沒有由陸軍以外的軍種司令員擔任副主席的案例。

端看過去十年來歷任的國防部長，主流皆是出身於總參謀部，而且不是有軍隊資歷者就可以擔任國防部長。也可以說是維持以陸軍為主體的人事晉升模式。然而，常萬全並沒有總參謀部的經驗。二〇〇三年就任國防部長的曹剛川前一個職位是總裝備部長，但是曹剛川有擔任過副總參謀長。以往完全沒有總參謀部經驗的國防部長是一九八八年至一九九三年擔任國防部長的秦基偉。

歷代總參謀長都出身於陸軍，而且都是有在主要軍區歷練過的軍人。檢視過去這五個人的軍隊資歷，有副參謀長資歷的僅有遲浩田一位，從大軍區司令員拔擢出來的是張萬年、梁光烈，以及現任的房峰輝等三位。陳炳德由總後勤部長晉升。擔任過總參謀長後升格的是軍事委員會副主席張萬年、就任國防部長的遲浩田（遲浩田在就任副總參謀長之前即任職國防部長）以及梁光烈。

第三節　哪些領導幹部得以「進入中南海」？

每五年召開的黨代會中，會決定新的中國領導階層。十九屆黨代會在二〇一七年召開。決定好的黨領導人固定會於隔年三月的全國人民代表大會（全國人大）

上，決定國務院的官員組織人事。因此，只要沒有因爲貪污等行爲而被逮捕或是遭到解任，或是因爲任何原因而死亡，中國官員基本上不會在中途卸任。

雖然必須由下一個「進入中南海」的領導人來決定，但是仍然可以從目前的職位或是年齡，大致推測出接班候補人選。中國的人事制度在某種意義下，是朝向制度化邁進的。在此，我們可以先依世代別預測下一位領導接班人。

(1)「五〇後」世代

中國幹部的世代交替快速。現在中央政治局委員層級以上有部分是「四〇後」的領導人，但是中堅世代基本上是以習近平爲首的「五〇後」。附帶一提，世界各地的領導人像是俄羅斯的普丁總統爲「五〇後」（一九五二年生），日本安倍晉三總理也是「五〇後」（一九五四年生），美國歐巴馬總統則是「六〇後」（一九六一年生）。

在「五〇後」的特徵方面，很多是一九七八年重新舉辦高考後的大學畢業生，也有取得博士等的高學歷份子。再者，也有很多是幹部子弟（所謂的「太子黨」）。因此，他們都是文革時期本人以及家人成爲攻擊對象、深知文革悲劇的領導人。對於國家建設有想法，與海外領導人也有對等的往來與交流，同時又具有強硬的交涉能力（hard-bargaining）。

從中國各地領導幹部的年齡組成特徵來看，可以發現黨委書記、省長的中堅份子都是「五〇後」。二〇一〇年後，「四〇後」的領導幹部大多已屆退休年齡，或是擔任全人代專門委員會主任等榮譽職。「四〇後」的五位書記當中，天津（張高麗）、上海（俞正聲）兩位於二〇一二年黨代會升格爲政治局常務委員。也就是說「四〇後」世代如果不晉升，就是得退休。

(2)「六〇後」世代

「六〇後」的地方書記

「六〇後」的領導幹部將會在二〇一二年以後成爲黨的中心人物，並且在二〇一二年第十八屆黨代會至二〇一七年第十九屆黨代會之間，逐漸開始在黨中央與地方（省級）擔任重要職位。

觀察兩位「六〇後」的地方書記，一九六三年出生的廣東省委書記胡春華曾是胡錦濤西藏自治區黨委書記時代的秘書，總計在西藏高地任職將近二十年。胡春華擔任共青團書記後，先於二〇〇九年擔任約三年的河北省（代理）省長，再於二〇一〇年擔任蒙古自治區書記，並且於二〇一二年的黨代會晉升為政治局委員，同時就任符合地位的廣東省委書記。「兩個地方最高階層」是黨內仕途發展的重要條件。胡春華已經完成這些條件，因此醞釀著二〇一七年以後晉升為政治局常務委員的可能性。

重慶市委書記孫正才具有北京、吉林省兩地方的經歷，目前重慶是孫的第三個地方。預測二〇一七年以後，會回到中央〔編按：已於二〇一八年五月因受賄罪被判無期徒刑〕。也就是說，從中央派遣的幹部到地方執勤充其量就是三年左右。特別是最近為了抑制「獨立王國化」（腐敗溫床），正頻繁進行人事異動。而且，從二〇一五年開始，在地方貫徹「一正二副十常」。也就是書記（正）一名、副書記兩名、常務委員十名的原則。之前副書記約有五名左右。書記、省長大多由中央派遣。其中一名副書記為省長，因此在地方真正有實權者或許可以說是就這位服從黨的副書記。許多地方的狀況是該名副書記通常出身於當地，有過擔任地方（通常為省都）的書記經驗。

「六〇後」的省長

「六〇後」的省長層級方面有河北省省長張慶偉（一九六一年生）、新疆維吾爾自治區主席努爾．白克力（一九六一年生）、福建省省長蘇樹林（一九六二年生）〔編按：已於二〇一八年因受賄、濫用職權而被判十六年徒刑〕、黑龍江省省長陸昊（一九六七年生）、青海省省長郝鵬（一九六〇年生）、貴州省省長陳敏爾（一九六〇年生）等六名，其中陸昊爲最年輕省長。

其中，努爾・白克力於二〇一四年底就任國家發展改革委副主席、國家能源局長。努爾・白克力如其名是維吾爾族人。除了國家民族委員會等機關外，由少數民族高官就任國務院部長層級的職位，是極少數的特例。雖然這是前任發展改革委副主委、國家能源局長吳新雄（一九四九年生）屆齡退休後的人事變化，但是也未曾有過由地方行政官員直接轉任的案例。應該是考量到努爾・白克力是維吾爾族人，再加上其來自於資源大省新疆，而且又是「六〇後」的領導幹部，而做出的人事決定。先任職於中央，二〇一四年三月擔任國土資源部副部長，出身於維吾爾族、曾在新疆維吾爾自治區主席努爾・白克力之下擔任副主席的庫熱西・買合蘇提（一九六〇年生）也因爲是少數民族出身的地方高官且被拔擢至中央而受到矚目。新疆主席接班人是由同樣出身於維吾爾族、新疆維吾爾自治區人代主任雪克來提・扎克爾（一九五三年生）就任〔編按：努爾・白克力於二〇一八年因涉嫌嚴重違紀違法，正被調查中〕。

「六〇後」年輕有爲的領導幹部大多爲大學畢業，也有碩士與博士畢業者。從年代來看，和一九五〇年代出生的領導幹部不同的是很少出身於「太子黨」。也就是說，是以「實力」建立起現今的地位。大多是像胡春華、周強等爲共青團出身者。

其中，擔任共青團中央常務書記的楊岳（一九六八年生）是地方領導幹部當中最年輕的。二○一○年，楊被派遣爲福建省委常務委員暨秘書長。這是爲了成爲未來領導幹部，而必須接受的相關領導幹部訓練安排。還有已經從共青團「畢業」、於地方執勤、一九六二年生的孫金龍（湖南省副書記）。

同樣爲「六○後」的領導幹部，其中有些具有「助理」的經驗。像是曾任河北省省長助理的現任河北省廊坊市委書記趙世洪（一九六二年生）（編按：二○一八年已不擔任此職務）與擔任過黑龍江省省長助理的黑龍江省委常務委員、宣傳部長張效廉（一九六二年生）等兩位，張是黑龍江省委十名常務委員當中最年輕的，今後的動向備受矚目。

「助理」是中國的一種職稱，是日本所謂的「輔佐官」或是「秘書官」。然而，在中國政治界的仕

表17　31個地方書記．省長．主席之年代組成情形

	中國		參考比較	
	書記	市長．省長．主席	日本47個都道府縣的知事	美國50州的州長．市長
「40後」	1	0	16	7
「50後」	28	28	18	16
「60後」	2	6	13	8
小計	31	34	47	31(50)

註：美國州長當中很多沒有對外公開年齡、資歷（有19州的州長年齡不明）。美國市長指的是華盛頓DC。

表18 中國領導幹部之年代組成暨與美日之比較

	31個地方		國務院		日本	美國
	書記	市長・省長	總理・副總理・國務委員	部長（官員）	安倍內閣官員	歐巴馬政權官員
「40後」	1	0	4	5	5	7
「50後」	28	25	6	20	10	6
「60後」	2	6	0	0	4	4
小計	31	31	10	25	19	17

註：習近平國家主席1953年生（「50後」），安倍晉三總理為1954年生（「50後」），歐巴馬總統1961年生（「60後」）。

途歷程當中，是指有過在高階領導幹部身邊勤務經驗者。最高人民法院院長周強（前湖南省委書記）曾是司法部長肖楊（前最高人民法院院長）的秘書，一九六二年出生的貴州省貴陽市委書記李軍，曾擔任過政治局常務委員、全國政治協商會議主席李瑞環的秘書。一九六三年出生的黨中央辦公廳副主任陳世炬曾是胡錦濤前國家主席的秘書。然而，不論是「助理」還是「秘書」都是仕途歷程之一，他們不會一直固定在地方。這些資歷都會成爲往中央邁進的一步。今後他們還會在政治仕途上累積怎樣的資歷，備受矚目。

各年代地方領導幹部的組成比例

中國三十一個地方（省市區）當中，有兩個直轄市、十八個省・自治區、一個特區，合計二十一地域、四百九十一名領導幹部。在組成比例方面，「六〇後」有二百二十八名、

「五〇後」有二百零八名，可以說是剛好對半對分。然而，「五〇後」的書記有一百二十八名（百分之五十七）、「六〇後」則有八十二名（百分之三十七），「五〇後」的將近有六成。相對於此，「五〇後」的市長有三十七名，占了整體的百分之十九，「六〇後」的一百四十名爲百分之七十三，占了大多數。從整體來看，即可明確得知基本的組成概念是書記爲「五〇後」、市長爲「六〇後」。

今後，「七〇後」再來「八〇後」也會漸漸抬頭，並且進行世代交替。不單是世代交替，同時也更加高學歷化、非共產黨員化（僅市長）。女性的比例也有逐漸提高的趨勢。

(3) 地方人事型態分類

標準的人事晉升型態

將地方領導幹部的人事、晉升型態進行分類，如表19所示。三十一個省市區當中，北京、天津、上海、重慶等四大直轄市與廣東、新疆的政治局委員層級是由中央派遣。西藏地區雖然只是中央委員層級，但是因爲是少數民族自治區，所以也會由中央派遣。

其他地方也有許多書記是由中央任命；省長．區主席則大多是提拔地方出身的幹部。書記與國務院部長（大臣）同級，通常是由具備部長經驗者就任地方書記、有地方書記經驗者就任國務院部長層級。在少數民族自治區方面，行政最高層級就是區主席，習慣上會由少數民族出身者就任。

表19中「中央派遣型」指的是前一職位來自於黨中央組織、國務院，或是中央企業的異動，來自於共青團中央的異動也算在這裡（例如：黑龍江省省長陸昊）。

表19 地方書記．省長．市長人事型態

	省級		市級	
	書記	省長	書記	省長
①中央派遣特殊地區	○ 北京，上海，天津，重慶，廣東，新疆，西藏	○	×	×
②中央．國務院派遣（部長層級）	○	○	×	○ （國務院局長層級）
③地方間交流	○	○	○	○
④當地幹部	○	○	○	○
⑤省內晉升（從省長、市長晉升）	○	○	◎	○
⑥他省晉升	○	○	○	○
⑦隨著上級長官異動而跟著異動	×	× （有副省長層級）	○	○
⑧來自企業異動	×	○	○ （武漢等）	○

「省內晉升型」是指在同一地方內由省長升格爲書記，由副省長升格爲省長的案例。「地方間交流」表示來自於其他地方的異動。

關於書記的異動，雖然大多爲「省內晉升型」，但是幾乎平均分布在這三種型態。省長方面大多爲「省內晉升型」，黨書記雖然大多由中央或是其他地方任命，但是行政最高長官通常出身於地方，且會由長時間在該地方擁有行政實績的領導幹部人晉升。

超出預期的人事

在省長人事「中央派遣型」方面，有兩個案例相當受到矚目，一位是擔任山東省省長的郭樹清（前證券監督管理委員會主席），另一位是擔任河南省省長的謝伏瞻（前國務院研究室長）。郭樹清曾是人民銀行行長候選人，但是因周小川特例續任，使得人事方面出現大幅動盪。

除了人民銀行行長外，傳聞郭樹清也可能是財政部長樓繼偉的接班人（中國投資公司董事長），因爲在金融方面的人事預測傳言相當多，所以對於其最後出任山東省省長更顯得超出預期。然而，郭樹清一九九八年到二〇〇一年其實是接任樓繼偉的下一任貴州省副省長位置，在地方服務。此外，從具有人民銀行副行長相關經驗到就任地方省長（直轄市長）的案例，也有從人民銀行行長就任天津市長的戴相龍（現爲全國社會保障基金理事會書記），所以其實並不稀奇。從郭樹清的年齡來看，非常可能於地方服務後再次回歸金融界。

超越郭樹清，更超出預期的人事命令是經濟學專家謝伏瞻就任河南省省長。具有美國普林斯頓大學、哈佛大學留學經驗的謝伏瞻，曾任國務院發展中心研究員、國家統計局局長等，二〇〇八年開始擔任第二屆溫家寶內閣智囊團的國務院研究室主任。是經常伴隨在前總理溫家寶左右的「機要顧問」。由於沒有地方行政經驗，不知道接下來能夠在「人口大省」、「農業大省」的河南省發揮多少領導能力？大家都在關注他的執政能力。

在市委書記、市長層級方面，雖然省都的領導幹部都是由中央派遣，但是基本上不是由當地出身者就會是由長期在該地方服務的領導幹部就任。此外，從市長升格、晉升爲市委書記的案例也很多。

地方人事方面，「必須特別注意」遠距離異動或是異動頻繁的人物，也就是說應該特別受到矚目。因爲這些人光是這樣就有機會累積自己的仕途資歷。

(4)「七〇後」世代

「七〇後」也就是一九七〇年代出生的領導幹部不斷誕生，中央層級方面出現「早期晉升」局長層級的幹部，地方則出現七〇後的省級廳長。省級以下的市級方面，部分市級開始陸續誕生七〇後的書記、副書記或是市長。此外，共青團也開始出現七〇後的省級書記。這個世代大學入學時正是開始進行改革、開放政策的時期，學生時代的中國因爲改革風氣而趨於穩定，算是在比較幸運環境下孕育的年代。沒有像第五代（一九六〇年代）般的「下放」經驗，可以說是「改革、開放世代」。

他們比「六〇後」擁有更高的學歷，普遍爲碩士以上，也有很多人取得博士學位，有些人還有海外留學經驗。此外，在共產黨預備軍、黨領導人仕途資歷方面大多爲共青團出身者，到二〇〇二年第十六屆黨代會爲止，都還只是默默無名的年輕領導幹部。然而，比起「下一階段領導幹部」（中央委員），「下一個的再下一個」（中央委員候補）也相當重要，肩負著「後・習近平」的接班任務。

第四節　「中南海的挑戰」——習近平的「反貪腐運動」

(1)持續不斷的生死鬥

「黨內權力鬥爭」的象徵

刻劃著數百年的歷史，上演過各種悲劇與時代劇的中南海在解放前的一九二八年曾開放作爲公園，到了一九八〇年初，僅限國內市民參觀，毛澤東舊居等部分區塊對外公開，市民也可以在南海中搭乘小船。然而，現在已成爲中共黨組織、政府執行勤務與重要官員的居住地，受到嚴密的管理。僅有極少部分受到邀請的外國人士得以參觀風光明媚的瀛台，市民已經無法隨心所欲地在南海划船或是在每年五月時欣賞到周恩來官邸（西花廳）怒放的海棠花了。

然而，「無法進入中南海」的不僅是海內外的市民。八千兩百萬名中國共產黨員當中也僅有少數黨員或是政府相關人員、學者、民主黨派等得以入內，未經許可無法進入中南海。對黨員來說，「進入中南海」是仕途發展的象徵，偶爾也會因爲此一目標掀起劇烈的權力鬥爭。「中南海」這三個字的影響，從過去的歷史來看即是「黨內權力鬥爭」的象徵。它刻劃著中國共產黨的歷史，即便是現在「中南海」當中也還是持續在鬥爭當中。

「刑不上常委」

發生權力鬥爭時，中國的政治並非一定處於不穩定狀態。因爲黨內人事安排是基於相當完善的制度實施的。然而，即便如此，仍有許多不透明的人事命令或是無法解釋的事件。也就是說「中南海」當中還有很多不明原因的事情發生。其中一件是自習近平體制發跡以來，強力推動「取締貪污腐敗」。這次的特徵是對象竟然向上瞄準到曾經擔任過黨內最高幹部的人物。

事實上撼動了一九七九年以後的中國、號稱「中國改革開放政策總設計師」的鄧小平在政治方面也提出「刑不上常委」（有政治局常務委員經歷者不需接受刑罰制裁）的方針，允許最高幹部擁有特權。這是黨內的約定俗成。然而，習近平卻向這個體制挑戰，對貪污腐敗開鍘毫不手軟。強烈意識到黨內腐敗會讓中國這個國家走向毀滅的危機感，開始著手撲滅貪污腐敗。這項堅定的決意是爲了確保共產黨政權得以維持穩定並且延續下去。

(2)追擊腐敗的實際情形

徐才厚．周永康．令計劃的案例

二〇一四年六月，曾經擔任軍事委員會副主席等重要職務、君臨軍階最高層級的徐才厚受到開除黨籍處分。實際上是在二〇一四年三月遭到揭發。原本已預定要送入司法審判，不進入刑事審判而是直接進入軍事審判，但是徐在二〇一五年三月十五日因癌症逝世，獲不起訴處分。即便如此，前上將因違反紀律或因貪污罪而遭受處分一事，前所未聞。在那之前，全人代副委員長（地方書記暨中央委員）蘇榮也遭到逮捕。

打破先前慣例，以揭發貪污腐敗爲本職的前政治局常務委員周永康也遭開鍘。二〇一四年十月政治局會議中判定周永康違反紀律、洩漏機密等罪狀成立，於十二月初遭到開除黨籍處分，正式逮捕後進入司法審判。

再者，二〇一四年十二月底，前國家主席胡錦濤心腹、前中央辦公廳主任令計劃（全國政治協商會議副主席、中共中央統一戰線工作部長、中央委員）因「疑似違反紀律」而失勢下台。二〇一二年三月，令計劃的兒子駕駛法拉利，因交通事故死亡，令拜託當時的司法負責人周永康掩蓋相關事證，以造假與兒子間的關係。此外，其親兄弟令政策於六月遭到逮捕，搜查擴大到令計劃身上只是遲早的問題，在習近平「揭發貪污腐敗」的大旗下，就算是前國家主席的秘書也無從赦免、積極喊打。

二〇一五年新年剛過，南京市委書記楊衛澤就因爲與周永康問題有關連而失勢下台，再者與令計劃同鄉的外交部部長助理兼禮賓司司長張昆生也被舉發是令計劃與其親戚締結「西山會」（山西省出身者所締結的派系，由習近平定罪）的成員。預測習近平的「反貪腐運動」將持續到下一個的黨代會年，也就是二〇一七年，權力鬥爭的樣貌將呈現白熱化。

「六十歲腐敗說」

貪污腐敗何以如此蔓延？中國當局經常將其當成「個人問題」去處理，不認爲是體制或是組織的問題。然而，從現在的角度看來簡直就是「結構性貪污」。

經調查，自一九七九年改革開放以來到二〇一三年十二月這段期間，因貪污腐敗而被開除黨籍、剝奪公職、受到司法制裁而需服刑的幹部有一百七十一名。其中最多的是地方幹部，有一百二十三名。因土地（國土資源）、交通（鐵路、高速公路）等權利相關的貪污事例最多，還有，原本應該是要去取締犯罪、知法犯法的公安相關事例也很多。

國務院部長、副部長等中央幹部有十二名，最高階幹部於二〇一一年因疑似貪污而遭解任的有鐵道部部長劉志軍（中央委員），以及二〇一三年遭舉發的國有資產監督管理委員會主任蔣潔敏（中央委員）。軍方有八名遭到舉發，目前為止軍方最高位階遭到舉發的是總後勤部副部長谷俊山。徐才厚事件，是軍方最高位階的前領導幹部遭到舉發。國有企業方面以石油相關企業為主，共有二十一名。其中，七名與金融相關。

中國有一個「六十歲腐敗說」魔咒。「六十歲」是中國幹部的退休年齡。退休前都有想要累積一點財產的傾向，因此街頭巷尾便出現了如此的魔咒。雖然說是要「累積一點財產」，但是財產不可能會從天而降，因此往往會利用退休前的地位收賄，為退休生活做準備。

也會追溯到最高幹部

端看這一百七十一名被判處的刑罰內容，總計有四十九名判處死刑、二十九名判處無期徒刑，也就是共有七十八名被判處極刑，相當於整體的百分之四十五．七。真的是大刀闊斧、嚴懲貪污腐敗行為。檢視這一百七十一名當中，最多的是地方幹部，廣東省的地方幹部最多，有二十名，居冠。位居第二的是北京市以及大幅增加至八名的廣西壯族自治區。黨內批判身處改革開放前線基地的廣東省，反倒成

表20 2014年失勢下台的軍人一覽表

	失勢時的軍職、軍階	主要軍歷	調查狀況
王明貴（1954）少將	前防空兵指揮學院（鄭州）政治委員	軍信息工程大學副政治委員	移送至軍事司法機構（2014年1月）
方文平（1950）少將	山西軍區前司令員	河北省軍區參謀長	移送至軍事司法機構（2014年5月）
陳強 少將	第二砲兵96301部隊副部隊長		軍事法庭判定無期徒刑（2014年5月）
符林國 少將	總後勤部司令部副參謀長	總後勤部司令部副軍長	立案調查（2014年5月）
衡晉（1959）少將	西藏軍區副政治委員		移送至軍事司法機構（2014年7月）
葉萬勇（1953）少將	前四川軍區政治委員	西藏軍區政治委員（徐才厚連座處罰）	移送至軍事司法機構（2014年8月）
◎楊金山（1954）中將	成都軍區副司令員	西藏軍區司令員	移送至軍事司法機構（2014年8月）
張祁斌（1953）少將	濟南軍區副政治委員	北海艦隊副參謀長	移送至軍事司法機構（2014年11月）
徐才厚（1943）上將	前軍事委副主席	瀋陽軍區司令員	司法處理（2014年10月）
劉錚（1954）中將	總後勤部副部長	總後勤部司令部參謀長（接任2009年12月遭逮捕的谷俊山職務）	立案調查（2014年11月）
戴維民（1962）少將	南京政治學院副院長暨上海分院長	南京政治學院訓練部長	立案調查（2014年11月）
高小燕（女，1957）少將	軍信息工程大學副政治委員	總參謀部總醫院政治委員（軍醫）	立案調查（2014年11月）

表20　2014年失勢下台的軍人一覽表（續）

	失勢時的軍職、軍階	主要軍歷	調查狀況
馬向東 上校（大佐）	南京政治學院政治部主任		立案調查 （2014年12月）
張代新 少將	黑龍江軍區副司令員	瀋陽軍區第16集團軍後勤部長	立案調查 （2014年12月）
○范長秘 （1955） 中將	蘭州軍區副政治委員	蘭州軍區政治部主任	立案調查 （2014年12月）
干大清 （1957） 中將	第二砲兵副政治委員	（與徐才厚同鄉）	立案調查 （2014年12月）
張東水 （1956） 少將	第二砲兵副政治委員	第二砲兵第55基地政治委員	立案調查 （2014年12月）

註：◎為中央委員，○為中央候補委員（包含已遭解任的人物）

爲「貪污腐敗」的溫床，在某種程度上的確相當符合實情。

一百七十一名當中，黨內地位最高的是北京市委書記、政治局委員陳希同，以及上海市委書記、政治局委員的陳良宇，還有重慶市委書記、政治局委員薄熙來等三名。然而，如同前述，遇事時還會波及到已退休的前政治局常務委員周永康以及中央軍事委員副主席徐才厚。因此就算住在中南海內、隸屬政治中樞的最高幹部，也無法安穩度日。除了與前國家主席江澤民相當親近的周永康無力回天，還有令計劃的上司曾是胡錦濤，然而胡若想要庇蔭前任秘書，恐怕連自己的政治生涯也會跟著斷送。習近平就是這樣鐵腕、毫不手軟。

軍方也不例外

習近平爲了強化貪污腐敗的取締運動，一直以來都是「神聖殿堂」的軍方也跟著開鍘，絲毫不手軟。繼徐才厚之後，也將觸手伸到具有軍事委員會副主席資歷的郭伯雄身上。兒子郭正軍於二〇一五年一月剛擔任少將，就因違反紀律遭到調查。

二〇一五年一月十六日，中央紀律委員會公布二〇一四年底到二〇一五年因違反紀律而遭舉發的十七名軍人名單。檢視這十七名的軍階，上將中僅有退役後遭到逮捕的徐才厚一人，中將四名、少將十一名。從黨內地位來看，於二〇一四年十一月四中全會上遭到解任的有中央委員楊金山，以及中央候補委員范長秘等兩名。

結構性貪污

中國貪污腐敗的結構不僅延伸到了廣東省以及山西省等地方，以及軍方、國務院，最近甚至還波及到外資企業的中方最高經營者。簡直就是「結構性貪污」。然而，習近平體制並非採用共產黨獨裁體制，而是不論「個人」、「家族」，直接視爲「派系」犯罪來處理。

二〇一四年十月中南海懷仁堂政治局會議上，決定要立案調查周永康的問題，十二月五日正式將周永康逮捕、送入司法程序。二〇一五年進行判決，判處死刑是必然的結果（然而，一般會有死刑執行猶豫期）。周永康除了違反紀律外，再加上還有「洩漏黨與國家機密」等罪狀。推測應已於「中南海」進行慎重審議，但是我們無法看到議論的過程。透過後來的公開審判，即可了解相關罪狀與判決情形，但是這還不是結束，「中南海生死鬥」會持續到二〇一七年十九屆的黨代會，不，今後也將持續下去。

習近平的政治動態——「潛規則」

最近，中國有一個很受矚目的詞——「潛規則」。這不是日文，而是中國的政治用語。曾有學者解釋：「在明文規定以上，眞正支配生活的規則」，是中國封建制度下根深蒂固的規則。爲何會突然受到矚目？是因爲習近平、李克強相繼承認該規則的存在，並且持續採取政治動作、想要打破這些規則。

前政治局常務委員周永康因疑似違反紀律而遭到逮捕、送至司法審判，或許也可以解讀成打破了以往「刑不上常委」的「潛規則」。也就是說，在江澤民、胡錦濤時代，是藉由不介入軍方（神聖領域）的方式來確保政權穩定。

有些看法認爲舉發周永康這隻「大老虎」後，習近平反貪腐運動即將宣告結束。此外，有傳聞指出揮舞著「紀律」這面大旗幟、紀律檢查委員會書記王岐山會於二〇一七年黨代會留任。王岐山於二〇一七年會超過政治局常務委員退休年限六十八歲的內規，與其他四名常務委員一同面臨到退休年齡的問題。這個「六十八歲退休」或許不能說是「潛規則」，從改革、人事年輕化這點來看，並不算是不好的內規。然而，就要看人們如何去解釋。對習近平而言，遵守黨內紀律、取締貪腐，且同爲太子黨一員的王岐山有著「難以由他人取代」的存在理由。王光是存在，就能鞏固習近平的權力基盤。

接下來這些不算是「潛規則」，二〇一四年習近平已經打破了許多過去政權未曾有過的慣例。八月的中央財經領導小組會議、十月的中央委員會全體會議分科會議、十一月接待歐巴馬總統至中南海，並且將影像公諸於世等行徑都相當大膽，是過去政權未曾踏足的事情。

再者，習近平還於二〇一四年主導了睽違八年的外交事務工作會議、睽違十五年的全軍政治工作會議。也有一些是在江澤民、胡錦濤時代都未曾召開過的會議。這樣的改變也是爲了強化政權基盤，目標是下一屆的黨代會，因爲當時權力基盤脆弱到沒有商量的餘地。到了二〇一五年已經做好了下一屆黨代會人事布局，並且還需要更進一步鞏固權力。因此還不能夠讓「反貪腐運動」結束。

「中南海」代表著中國政治。筆者期望本書中能夠藉由「中南海」描述中國政治制度的歷史與現狀。然而，「中南海」屏障相當高、大門也還深鎖著。「反貪腐運動」雖然是政治改革的一環，但是徹底實施的結果恐怕會撼動中國共產黨的基盤，是相當危險的挑戰。或許會是讓中南海再度開放給市民、中國朝民主化前進、改變權力體制的好時機。

後記

不知從何時開始，筆者對於「中南海」深感興趣。過去雖然知道那是「中國權威的象徵」，但是卻未曾想過要一窺那朱紅牆內的究竟。現在中南海已不對外開放，筆者沒有進入內部的立場、也沒有認識的人脈。

然而，筆者思忖就算想要探究其中一二，也沒有機會能夠認識會進入中南海的人。

每次到北京出差，筆者都會在中南海周邊散步，但是無法窺視其中。有次想在北海大橋上拍照，立刻就被衛兵驅離。後來就很難再把相機拿起。然而，這樣一來卻更加激發筆者的好奇心。

透過北京的朋友牽線，四年前有機會與周恩來總理的姪女周秉德女士見面。詢問她長期住在中南海內、周恩來夫妻居住的西花廳情形，成爲撰寫本書的一大推力。

之後，只要有機會前往北京，筆者就會到各個書店尋找「中南海」相關書籍。也到過香港圖書館，卻毫無斬獲，也找不到相關地圖。雖然有發現一些清朝時期留下來的資料，但是如果想要研究「中南海」，最後都只能研究住在中南海內最久的毛澤東。憑藉著毛澤東的醫師、秘書、司機等人的回憶錄、透過「毛澤東的生活」一一描繪出中南海的樣貌。毛澤東之後，劉少奇相關書籍中也有很多線索。然而，都只能從中得知「中南海的悲劇」，這也是「中南海」的歷史。

「中南海」是用來了解中國歷史與政治的對象，然而在展現其神秘性方面已超越筆者能力。一九九四年九月，雖然二度進入中南海「紫光閣」，但那是第一次也是最後一次。而且光是如此根本無法談論「中南海」。筆者的「夢想」是像過去一樣再次對市民開放、可以在南海划船。在該「夢想」實現之前，筆者還會繼續努力研究「中南海」。

本書出版之際，在此提及私事還請各位讀者見諒，筆者想將本書獻給支持筆者、結縭超過四十年的髮妻知子，以表感謝之意。感謝北京的朋友們提供歷史與中南海相關資訊。名字皆牢記在心，在此不一一唱名，僅在此表達本人的感謝。此外，承蒙多年友人，同時也是優秀的編輯林健朗先生從企劃、編輯到出版給予適切的建議與鼓勵。本書得以出版全靠他的努力與付出，特此感謝。本書若能幫助各位讀者更進一步了解中國歷史與政治，筆者將感到無上欣喜。

二〇一五年二月

稻垣清

附記　中國共產黨第十九次全國代表大會

(1)第十九次全國代表大會的焦點

王岐山退休、「六〇歲後」即無法入閣

中國共產黨第十九次全國代表大會（黨代會）於二〇一七年十月十八日起至二十四日於北京召開。會期如同以往，皆爲七天。閉幕當天進行黨章修正案以及中央委員選舉結果表決，「全體一致」（非全會一致）即可達成決議。二十四日閉幕時，尚未公布最高階人事命令，而是隔日二十五日舉辦第十九屆中央委員會第一次全體會議（一中全會）時才會決定出中央政治局常務委員、中央政治局委員、中央軍事委員會委員，並於全體會議後由習近平主席介紹七大政治局常務委員。關於這七人小組的評價，容後再述，先來回顧第十九次黨代會的概要與特徵。

黨代會進入習近平體制第二任期，也就是「第二任期，共十年」，習近平預計於二〇二二年卸任，沒有指定之後續接班人，一般預測候選人會由最高部會的中央政治局常務委員入閣。具體而言，其中一個焦點在於新世代「六〇後」（一九六

〇年代出生）的領導幹部是否得以入閣。然而，原本被視爲候選對象的孫政才（一九六三年出生，中央政治局委員、重慶市書記）卻於黨代會前失勢下台，結果另一人選胡春華（一九六三年出生，中央政治局委員、廣東省書記）成爲政治局委員，並且離開廣東省書記的位置，目前可以說是「待命中」。據說於二〇一八年三月全國人民代表大會時，出任國務院副總理的可能性高。若眞如此，胡春華出線接班的可能性就比較高。

人事方面的另一個焦點是「王岐山的留任問題」。中央政治局常務委員通常會依內規（「準則」）——「七上八下」（六十八歲退休），也就是說六十七歲即屆退休年齡。王岐山雖然位居於退休對象之列，但是一直以來以黨中央紀律委員會書記之姿，挾習近平政治態勢、大刀闊斧揭發黨內腐敗相關問題。到了第二任期，爲了貫徹該方針，可能會嘗試說服黨內讓王岐山留任，目前結果未明，但王岐山目前已卸下中央政治局常務委員職務。

以「習近平新時代中國特色社會主義思想」為優先？

黨代會的焦點之一是提案在黨章修正案中放入「習思想」，也就是要讓「習近平思想」與當年的毛澤東、鄧小平齊名。八月「北戴河會議」之後，去除個人名義，由黨中央宣傳「治國理政」（「習近平思想」主軸）的團體指導成果。然而，最終卻仍在黨章前文中加入「習近平新時代中國特色社會主義思想」。修正後的黨章（總綱）內容替換成「中國共產黨以馬克思列寧主義、毛澤東思想、鄧小平理論、『三個代表重要思想』、科學發展觀、習近平新時代中國特色社會主義思想作爲自己的行動指南」。與修正前的總綱比較起來，悄悄地加入了習近平的表現。其實不用

表1　黨代會日程與大會焦點

	大會日程	日程公布（政治局會議）	7中全會（黨代會準備總會）	大會焦點（高階幹部人事）
第16次	2002年11月8日～14日（7天）	8月25日	11月3日～5日	胡錦濤就任總書記（第1任期） 9位常委
第17次	2007年10月15日～21日（7天）	8月28日	10月9日～12日	胡錦濤、第2任期。最高領導部由習近平、李克強等新世代領導人入閣。曾慶紅卸任。 9位常委
第18次	2012年11月8日～14日（7天）	9月28日	11月1日～4日	習近平就任總書記（第1任期） 7位常委、有2位「60後」擔任政治局委員。
第19次	2017年10月18日～24日（7天）	8月31日	10月11日～13日	習近平體制第2任期 黨章修正案（放入「習思想」） 王岐山卸任、「60後」不能擔任常務委員。7位常委

備註：依中國官方所公布之內容，由作者整理製表。

表2　第十九次全國代表大會選舉各單位代表者人數暨明細表

	第17次\代表人數	%	第18次代表人數	%	第19次代表人數	%
31省市區黨委	1518	68.6	1557	68.6	1576	68.5
解放軍	248	11.2	251	11.1	253	11.0
武警部隊	47	2.1	49	2.2	50	2.2
中央直屬機關	313	14.1	108	4.8	109	4.7
中央國家機關			184	8.1	186	8.1
中央金融系統	40	1.8	42	1.9	44	1.9
中央企業系統（在京）	47	2.1	52	2.3	53	2.3
中華全國台灣同胞聯誼會	25	1.1	28	1.2	29	1.3
香港工作委員會						
澳門工作委員會						
合計	2213	100.0	2270	100.0	2287	100.0

註：第17次「中央直屬機關．中央國家機關．台灣聯合會」並未公布代表者名冊，故從合計中推算數值。「中華全國台灣同胞聯誼會」為第16次的選舉單位之一，判斷第17次、第18次亦承襲此一名稱。第18次公布有28名來自台灣、香港、澳門。第19次，雖然最終名單有2287名，但是由於落選者人數不明，暫以2300名計算。

資料來源：「關於黨的十九大代表選舉工作的通知」（2016年11月9日）

表3　歷次黨代會代表之特徵

	第16次（2002年）	第17次（2007年）	第18次（2012年）	第19次（2017年）
黨員數（萬人）	6636	7080	8260	8944
代表數（人）	2114	2213	2270	2287
選舉單位數	38	38	40 （解放軍19）	40 （解放軍31）
幹部比例（「基層黨員比例」）	75.7%	71.6%	69.5%	北京市57.1% 重慶市73.2% 廣東省60.7% 解放軍62.2% 全體66.3%
女性比例	382人（18.0%）	445人（20.1%）	521人（23.0%）	551人（24.1%）
少數民族比例	230人（10.8%）	242人（10.9%）	249人（11.0%）	264人（11.5%）
55歲以下	63.2%	70.4%	64.8%	70.6%
45歲以下	16.0%	18.8%	17.6%	18.5%
大專以上	91.7%	93.3%	93.5%	94.2%

註：第19次黨員數為2016年底統計。第19次的「幹部比例」係依據包含北京、廣東、解放軍在內第一次名冊內的比例、重慶則依據最終名冊製表。

多說，『三個代表重要思想』是江澤民、『科學發展觀』則是胡錦濤所提倡的標語。然而，其中有列出個人名字的習近平則是繼毛澤東、鄧小平之後的第三位。

雖然有列出個人名字，但卻不是「習近平思想」。而是「習近平新時代中國特色社會主義思想」。說到底，應注意的是後者。甚至可以解讀成「新時代」的「具有特色的社會主義思想」，表示並不普及、而且是限定的。

⑵第十九屆中央委員・候補委員以及紀律委員選舉流程

差額率的變化

黨代會的最後一天會舉辦下一屆中央委員、候補委員以及紀律委員（三委）選舉。擁有選舉權的即是那二三〇〇位代表，再加上具有政治局常務委員經驗者等特別代表亦有投票權。「三委」的選舉辦法是在中央組織部預先製作好的候選者名冊上以圈選方式投票，代表們圈選好後即投入投票箱（僅有介紹該場面的影像）。

該候補者名冊中的人數會超過預定要選出的名額。也就是說，是採差額選舉的方式。然而，該差額率並非來自於中央的指示。黨代會代表進行投票時，僅有提出「百分之十五左右」的指示而已，雖然各個選舉單位有所不同，但是大約可以達到百分之十一至二十的差額率。然而，在「三委」方面，各屆重疊後比例雖然會提高，但是達到百分之十以上的卻只有第十八屆的中央候補委員。第十九屆時，「三委」的差額率皆稍微比前屆下降。光是從這個角度來看選舉制度，黨內民主有稍微開倒車的跡象。過去由於差額率相當高，往往導致有能力之士落選的情形。可能是因爲過去那些的經驗，經過四屆後，差額率就沒有再大幅提升了。

從導入差額選舉的選舉制度來看，雖然已呈現出黨內民主的態勢，但是也出現

表4 第十九次全國代表大會時中央委員選舉的差額率比較

	第一次候補者數	最終選出數	落選者數	差額率
第16屆	208	198	10	5.1%
第17屆	221	204	17	8.3
第18屆	224	205	19	9.3
第19屆	222	204	18	8.8

註：依中國所公開之數字製表（然而，第一次候補者數及落選者數為估計值）。

表5 「三委」的差額率變化

	中央委員	中央候補委員	中央紀律委員
第16屆	5.1%	5.7%	5.8%
第17屆	8.3	9.6	8.7
第18屆	9.3	11.1	8.5
第19屆	8.8	9.9	8.3

註：依中國所公開之數字製表。

了原本應出線的（中央組織部考量）候補委員卻落選的情形。因此，採取的措施是在「三委」之間放入「補救制度」。第十九屆中央委員，因爲差額選舉方式有十八位落選。當下無從得知是誰落選。然而，該十八位會「被補救」成爲中央候補委員。同樣的，在中央候補委員選舉方面也是一樣，雖然有十七位落選者，但是落選者應該也會被中央紀律檢查委員的系統「補救」。從紀律委員所扮演的角色來看，第十九屆

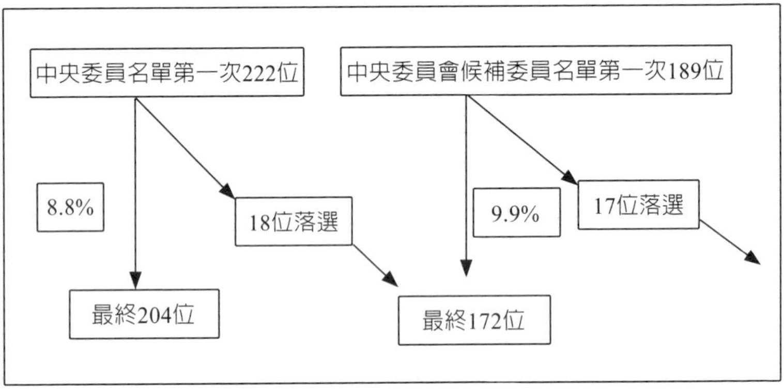

圖1　第19次全國代表大會之中央委員・候補委員選舉架構（推測）

註：筆者推測。

一百三十三人幾乎都是地方、部・委的紀律委員，其中包含「極少數來自不同派系」的企業代表（中國石油天然氣集團公司總經理）以及新華社總編輯等委員。然而，該推測並非憑空杜撰而來的資訊（中央委員落選者即自動轉爲候補委員之指示，刊載於矢板明夫，『習近平』文春文庫，第37頁）。

黨代會代表並非擔任中央委員的條件

黨代會的焦點之一在於選出「五年任期」的中央委員、中央候補委員，以及中央紀律委員（「三委」）。一般來說，每屆會選出二千三百名左右的黨代會代表，因此容易被視爲擔任「三委」的條件。然而，根據黨章，中央委員及候補委員（「二委」）的被選舉權資格規定僅有「黨歷五年以上」（黨章程第21條），在紀律委員方面也沒有相關規定。

不過，實際上卻必須先參加黨代會代表選舉，萬一沒有被選出成爲代表，則意味著「失勢」、「接受調查＝檢調詢問」、「退休」等。端看黨代會舉辦前所公布的黨代會代表名冊即可知曉某種程度皆爲「三委」候補者。相反的，未被大會代表所選出，非年齡限制（「退休」）對象，且前屆爲中央委員者，若未被選爲大會代表，即會有各種臆測飛奔而至。

那麼，來看實際的案例。未被選爲黨代會代表的人（「非代表者」）而後成爲「三委」的人數如表6。中央委員方面雖然僅有三人，候補委員占百分之二十三・八有四十一人、紀律委員占百分之四十二・九有五十七人。中央委員三人當中有兩人是軍人，一直以來軍人就任非代表者即相當醒目。非屬軍方的劉結一（一九五七年生）在黨代會之前曾爲國連大使。黨代會之前，又回任國連大使，並擔任國務院台灣辦公室主任。這個位置爲閣僚等級、黨內地位爲中央委員、兼任職位，可以確認該職務符合其在黨內之地位。前任張志軍（一九五三年生）在未經黨代會代表選出之時點下，有被勸退的可能性，但是黨代會以後的正式職稱（是否完全卸任）不明。此外，劉結一的夫人章啓月（一九五九年生、前駐日大使章曙之子女、第一代外交部發言人）也曾是國連的副大使（公使）、傳言近期預定就任英國大使。英國大使地位相當於外交部副部長。

表6　非黨代會代表的「三委」選出比例

	中央委員	中央候補委員	中央紀律委員
非代表者人數	3	41	57
委員人數	204	172	133
比例(%)	1.5	23.8	42.9

註：中央委員當中，三位非代表者為西藏軍區政治委員王建武、國務院台灣辦公室主任劉結一（前國連大使）、新疆軍區司令員劉萬龍。候補委員、紀律委員對象則省略（香港明報）。

「二線副國」

第十九次黨代會的人事焦點之一在於王岐山的「留任問題」，傳遍街頭巷尾的「七上八下」（六十八歲退休）內規（準則）阻礙相當僵固。該準則是否僅適用於政治局常務委員、是否也適用政治局委員，並未明確規定（未公布）。本次的黨代會，前屆二十五位政治局委員（包含常務委員）當中，續任的僅有習近平、李克強、許其亮、孫春蘭以及胡春華五人，剩下二十位則爲新任。七位常務委員當中，有五位是新任，皆從政治局委員晉升。其他十八位政治局委員當中，續任者爲前述兩位，再加上胡春華共三位、從中央委員晉升的有李強等十位、從候補委員「跳二級晉升」的有丁薛祥、李希兩人、從紀律委員轉任的是楊曉渡。此外，從一般黨員中「跳三級晉升」的則有黃坤明與蔡奇兩人（見表7）。

第十八屆政治局委員當中有十五位卸任，「失勢下台」一位（孫政才）、「退休」十一位（馬凱、王岐山、劉雲山、劉延東、李建國、張高麗、張德江、范長龍、孟建柱、俞正聲、郭金龍），另外，李源潮（一九五〇年生）、劉奇葆（一九五三年生）、張春賢（一九五三年生）三位的卸任理由不明。李源潮雖然已相當皆近退休年齡，但是同齡的孫春蘭與許其亮卻仍續任。劉奇葆與張春賢兩位更年輕、就任黨中央重要職位，兩人很可能同時晉升政治局常務委員。香港方面，李源潮與劉奇葆皆出生於共青團、張春賢雖然因新疆少數民族相關因應問題失敗而受到指責，但是據說並沒有這麼單純。

黨代會後，三位皆沒有傳出任何動向的傳言。即使沒有「失勢下

表7　第19屆政治局委員的黨內異動型態

	對象	備註
續任組（10）	習近平、李克強 汪洋、王滬寧、趙樂際、栗戰書、韓正 許其亮、孫春蘭、胡春華	習與李續任政治局常務委員 5人續任政治局委員並晉升常務委員 3人從第18屆政治局委員續任。
晉升組（10）	王晨、劉鶴、李強、李鴻忠、楊潔篪、張又俠、陳希、陳全國、陳敏爾、郭聲琨	全員皆從中央委員晉升、李強在「7中全會」從候補委員晉升為中央委員。
轉任組（1） （從紀律委員轉任）	楊曉渡	楊曉渡自第18屆起就任中央紀律委（「三委」）（特例）
拔擢組（2） （「跳二級晉升」）	丁薛祥、李希	從候補委員拔擢（「習家軍」）
大力拔擢組（2） （「跳三級晉升」）	黃坤明、蔡奇	從一般黨員中大力拔擢（皆為「習家軍」）

註：作者分類整理。

台」，也可能因爲「二線副國」，也就是退出一線、出任全人代副委員長或是成爲全國政協副主席等第二線的國家級領導人。

差額選舉與女性比例

二〇四位中央委員是於黨代會上，經由二千二百八十七位黨代會代表投票後選出。然而，該選舉爲「差額選舉」，也就是說要從二二四位候補委員當中最終選出二〇四位成爲中央委員。比起前次的百分之九・三，差額率下滑爲百分之八・八（十八位落選者）。附帶一提，中央候補委員的差額率爲百分之九・九（落選者十七位）、中央紀律委員選舉爲百分之八・三（落選者十一位）。

二〇四位中央委員中，女性有十位（百分之四・九）、一七二位候補委員中女性有二十名（百分之十一・六）、一三三名中央紀律委員中女性有九位（百分之六・八）、黨代會代表中則有百分之二十四・一（五百五十一位），男女比例相當懸殊。

根據筆者調查，二〇四位當中「新任」有九十位、從第十八屆候補委員「晉升」的有三十位、從第十八屆中央紀律委員「轉任」的有六位、從第十八屆中央委員「續任」的則有七十八位。然而，官方說法是「新任」、「晉升」、「轉任」等三種皆爲「新任」（合計一百二十六位），因此該比例達到百分之六十二。

各個出身組織——地方領導幹部占三成

二〇四位中央委員在選出時點下的各個出身組織狀態，如表8所示。二〇四位中央委員當中，有三分之一來自於地方領導幹部，接著依序爲國務院（中央政府）、軍（包含武裝警察）、黨中央。地方比例比起第十八屆的百分之三十一稍微增加了一些，第十九屆達到百分之三十三。國務院比例從百分之二十三・九提升到百分之二十五、軍方面則與第十八屆同樣爲百分之二十，地方、國務院以及軍的地位，大致上皆承襲以往的構成比例。

第十九屆最大的特徵在於沒有企業代表。第十七屆時還有一位，第十八屆大幅攀升爲七位，然而，第十九屆不用說是民營企業，就連中央國有企業、大型銀行也都沒有任何一位代表獲選成爲中央委員。然而，在一百七十三位候補委員當中，包含銀行等金融機構高階幹部，共選出二十位、再者，還有選出五位隸屬大型企業的技術人員以及勞工（表8中分類爲「其他」）。選出成爲候補委員的人數比第十八屆多。然而，民營企業代表難以邁入候補委員之道，並沒有選出任何人。

中央委員分類方面的「其他」包含全人代、政治協商會議、司法相關單位，候補委員的「其他」亦包含清華大學、北京大學等的黨書記。

表8　中央委員・候補委員各個出身組織狀態的變化

	第17屆		第18屆		第19屆	
	中央委員	中央候補	中央委員	中央候補	中央委員	中央候補
黨中央	15	3	20	1	22	5
國務院	51	13	49	18	52	8
軍	36	19	41	18	42	24
地方	63	86	64	103	66	95
企業	1	23	7	19	0	22
其他	39	22	24	11	22	20
合計	204	167	205	171	204	174

註：「其他」包含全人代、政協、司法、大學、各團體等的高階幹部。

中央委員以「五〇後」、候補委員以「六〇後」為主

從中央委員各年齡的組成特徵來看（表9）。二〇四位當中約有八成是「五〇後」，也就是說，一九五〇年代出生（六〇歲）的領導幹部占了近八成。這個比例與第十八屆的百分之八〇．五差距不大，但是第十八屆的「四〇後」占了百分之十五。前政治局常務委員王岐山（一九四八年生）的留任問題亦是本次黨代會人事的焦點之一。然而，包含王岐山在內，「四〇後」的領導幹部完全卸任，中央委員的核心成爲「五〇後」。但是，與第十八屆不同的地方在於，即使同樣是「五〇後」，卻以「一九五五年生」以及「一九五七年生」的「五〇後」後半世代爲主流。「五五後」占了「五〇後」的百

分之六十七，亦占了整體中央委員的百分之五十三。

再者，觀察第十九屆的年齡組成後發現最大的特徵在於原本第十八屆整體中央委員僅有九位「百分之四・四」的「六〇後」，一舉躍進成四十一位（百分之二〇・一）。本次黨代會中，雖然沒有暗示成爲「習近平以後」接班人的高階人事布局，但這確實象徵著是在培育或是啓用「六〇後」的新世代領導人。中央委員當中「六〇後」最年輕的領導幹部爲一九六七年出生、黑龍江省長的陸昊，這種「六〇後」領導幹部一定都會在五年後、十年後進入中國共產黨的領導單位。第十九屆一百七十三位中央候補委員當中可以說有六成都是「六〇後」，此外，第十八屆中央委員中並沒有「七〇後」的領導幹部、候補委員也僅有兩位。第十九屆中央委員的對象不是放在「七〇後」，候補委員也僅有兩位。「六〇後」爲十年後的中央委員核心世代，「七〇後」則是二十年後的候補領導人。

三十一省市區黨委書記・省長以及國務院部長階級為中央委員

在黨代會人事方面，人事的焦點轉移到地方以及中央政府（國務院）的人事，已經有部分地方開始異動。黨代會時點下，三十一省市區黨委書記、市長、省長、主席當中，部分地方具有非中央委員，亦非中央候補委員（「雙非」黨員、一般黨員）的領導幹部。其中最具代表性的人物是北京市書記蔡奇，但是黨代會中全員皆

表9　中央委員各年齡組成變化

出生年	第16屆（2002年）		第17屆（2007年）		第18屆（2012年）		第19屆（2017年）	
	年齡	人數	年齡	人數	年齡	人數	年齡	人數
1940年	62	22	67	5	72	0	77	0
41	61	20	66	4	71	0	76	0
42	60	26	65	14	70	0	75	0
43	59	11	64	2	69	0	74	0
44	58	27	63	22	68	1	73	0
45	57	17	62	17	67	3	72	0
46	56	15	61	20	66	5	71	0
47	55	5	60	17	65	7	70	0
48	54	4	59	10	64	1	69	0
49	53	3	58	13	63	12	68	0
50	52	2	57	12	62	22	67	9
51	51	1	56	11	61	17	66	7
52	50	1	55	5	60	21	65	4
53	49	2	54	8	59	31	64	11
54	48		53	6	58	22	63	16
55	47	1	52	6	57	19	62	31
56	46		51		56	11	61	21
57	45		50	7	55	10	60	30
58	44		49		54	2	59	14
59	43		48		53	2	58	15

表9　中央委員各年齡組成變化（續）

出生年	第16屆（2002年）		第17屆（2007年）		第18屆（2012年）		第19屆（2017年）	
	年齡	人數	年齡	人數	年齡	人數	年齡	人數
60	42		47	2	52	2	57	13
61	41		46		51	2	56	5
62	40		45		50	1	55	10
63	39		44	2	49	2	54	5
64	50		55		48	1	53	10
65	49		54		47		52	0
66	48		53		46		51	0
67	47		52		45	1	50	1
68	46		51		44		49	0
69	45		50		43		48	0

註：僅整理各屆中央委員的部分。第15屆中央委員有193位、第十六屆198位、第17屆204位、第18屆205位、第19屆204位。

爲中央委員。其中，上海的韓正書記（政治局員）晉升爲政治局常務委員後即離開上海書記的位置。此外，北京的蔡奇、天津的李鴻忠、新疆的陳全國晉升爲政治局委員後，仍擔任地方書記。

黨代會後，省長于偉國（一九五五年生）晉升、接任中央書記處尤權（一九五四年生）的福建省書記位置，但是接任省長人選尚未決定。若晉升成爲副省長，也可能成爲中央委員。韓正的後續接任，由江蘇省書記李強

（晉升為政治局委員）就任，李強歷任浙江、江蘇以及上海華東地區所有的高階幹部。此外，廣東省書記胡春華續任中央政治局委員，並出任下一屆的副總理，其廣東省委書記一職由遼寧省書記（第十九屆政治局委員）李希就任接替。

(3)第十九屆中央候補委員的特色——企業代表「大躍進」

女性比例・海外留學經驗者

觀察這一百七十二位中央候補委員的特徵。首先，中央候補委員差額率為百分之九・九。也就是說，要從一百九十位候補委員中選出最終的一百七十二位。一百七十二位當中，女性占了十八位（百分之十・五），與黨代會代表的百分之二十四・一（五百五十一位）相差甚遠，此外，少數民族出身者有十九位，該比例幾乎與女性比例相同。根據筆者調查，這一百七十二位當中，自第十八屆中央候補委員「續任」的有十二位、自第十八屆中央紀律委員「轉任」的有兩位、一百五十八位為「新任」占百分之九十二。

一百七十二位候補委員當中有些具有海外留學經驗，達二十三人，其中五人曾在美國哈佛大學行政管理研修制度下進行短期留學，是未來的候補幹部。二十三人當中，留日經驗者僅有國防科技大學校長鄧小剛（一九六〇年生）一人，一九九六年曾於日本電通大學（專攻流體力學）。如後所述，在從企業界選出的委員方面，由於目前航空、宇宙領域相當熱門，因此候補委員大多出身自該領域較強的哈爾濱工業大學（五人）以及西北工業大學（五人），也是一大特徵。

各個出身組織——地方領導幹部占了五成

一百七十二位在選出時點下的各個出身組織狀況，如表10。一百七十二位中央候補委員當中，有半數爲地方領導幹部，接著依序爲企業、軍方（包含武警），特徵是與中央委員的組成有所差異。地方所占的比例比起第十八屆的百分之六十大幅下滑，幾乎達到與第十七屆相同水準的百分之五十一・七。與過去相比，每屆來自軍方的選出人數皆有增加，第十九屆達到百分之十三。與中央委員相比，國務院的比例較低、第十九屆比第十八屆的人數減少八人、比例也比第十八屆的百分之十・五下降至百分之五・八。

第十九屆中央候補委員最大的特徵是企業代表高達二十五人。二〇四位中央委員當中沒有一位來自於企業界，但是中央候補委員方面卻比第十八屆的十九人增加了六人。再加上中央紀律委員（「第三種中央委員」）的兩人，即達到二十七人，成爲一股相當大的勢力。然而，這二十七人當中並未包含民營企業代表，不得不說民營企業要邁向候補委員之道非常嚴峻。

中央候補委員的特徵之一是很多畢業自清華大學、北京大學等名校的黨書記、校長（相當於日本的「學長」，與書記基本上是完全不同的人）（在表10表分類爲「其他」）。

省市區會有省都書記等

中央候補委員當中，從代表人數最多的地方來看，書記・省長都是中央委員，但是副書記、副省長以及三十一省市區當中十四省都的書記以及大連、廈門、蘇州、深圳、河北省雄安（新決議之新區）等工業發展都市的書記都是中央候補委員。三十一省市區候補委員雖然預計要由北京、廣東、江蘇等地選出四人，但是通常最後會選出兩人左右。

中央委員以「五〇後」、候補委員以「六〇後」為主

來看中央委員各世代組成特徵（表11）。二百〇四位中央委員當中約八成爲「五〇後」，也就是說一九五〇年代出生（六〇歲左右）的領導幹部，一百七十二位中央候補委員當中約八成爲「六〇後」，與中央委員方面的差異顯著。然而，候補委員也僅有兩位「七〇後」。「六〇後」將爲十年後的中央委員核心世代，「七

表10 第19次全國代表大會之各地方中央委員人數

	代表數	政治局委員	中央委員	中央候補委員	中央紀律委員
北京市	63	○	2	4	1
天津市	48	○	3	3	1
河北省	63		2	3	1
山西省	43		2	2	1
內蒙古自治區	41		2	2	1
遼寧省	63		2	2	1
吉林省	37		2	2	1
黑龍江省	50		2	4	1
上海市	73	○	2	3	1
江蘇省	71		2	3	1
浙江省	51		2	3	3
安徽省	57		2	3	1
福建省	41		2	2	1
江西省	43		2	4	1
山東省	76		2	3	2
河南省	69		2	4	1
湖北省	63		2	3	1
湖南省	64		2	2	1
廣東省	69	○	2	5	1
廣西自治區	48		2	3	1
海南省	26		2	1	1
重慶市	43	○	2	3	1

表10　第19次全國代表大會之各地方中央委員人數（續）

	代表數	政治局委員	中央委員	中央候補委員	中央紀律委員
四川省	73		2	4	1
貴州省	39		2	3	1
雲南省	47		2	3	1
西藏自治區	29		2	2	1
陝西省	44		2	3	1
甘肅省	41		2	3	1
青海省	27		2	3	1
寧夏自治區	30		2	2	1
新疆自治區	43	○	4	2	2

註：選出時間點統計（2017年10月24日）。

表11　第19屆中央委員．中央候補委員的世代組成

	中央委員		中央候補委員	
	人數	%	人數	%
「50後」	161	78.9	17	10.1
「55後」	108	67.1	16	9.3
「60後」	41	20.1	137	79.7
「65後」	1	-	21	12.2
「70後」	0	-	2	0.1
不明	2	1.0	16	9.3
合計	204	100.0	172	100.0

註：作者根據名冊統計整理。

○後」則爲二十年後的候補領導人。

企業代表「大躍進」

一百七十二位中央候補委員當中，從企業界選出的委員有二十三位，雖然與第十七屆相同，但是第十七屆還要再加上一位中央委員（中國核工業公司）、三位紀律委員，總共有二十七位以企業代表身分進入中央。第十八屆方面，雖然候補委員人數減半。但是，在中央委員方面，以金融爲中心選出六位，且紀律方面也送入七位。然而，第十九屆的狀況是中央委員○位、紀律也減少兩位，這個部分增加至候補委員人數。

從選舉單位來看，黨代會的企業代表可分爲「中央金融系統」、「中央企業系統」兩種，再加上「三十一省市區」當中所選出的地方國有企業以及民營企業代表（「中央金融系統」中包含來自中國人民銀行的代表，但是人民銀行隸屬「國務院」、不能計算在「企業」之列）。合計超過一百人，其中有兩成左右會從中央委員、中央候補委員以及紀律委（「三委」）中選出。雖然說是中央的「窄門」，但是那比例其實絕對不算低。推測選出成爲黨代會代表以及中央委員的企業代表必須依照「定額制」、「業界交替制」、「企業指名制」等原則。

再來看一下各業種狀況以及候補委員。檢視過去三屆「三委」狀況，發現會和從黨代會代表來看業種分類的狀況一樣，該選出結果同樣忠實呈現出產業的枯榮盛衰。也就是說，航空·航天（宇宙）相關企業二十五人當中有七位（百分之二十八），與其他領域有相當大的差距。金融·保險爲常勝軍，每屆都會從工商銀行、中國銀行、建設銀行等這些中國銀行中選出候補委員。黨代會時，會經由黨代會代表進行投票後選出中央委員、中央候補委員以及中央紀律委員。然而，「三委」並不是從黨代會代表中選出。而是從「三委」的候補委員名冊中選出，該候補委員的資格無法成爲黨代會代表。實際上，二十五人當中僅有七位（百分之二十八）會被選出成爲中央候補委員。

中央紀律委員會如字面上所見，主要是在進行黨內規則紀律檢查，第十九屆一百三十三位就任的紀律委員來自於地方、國務院各部。然而，其中也有從企業選出的委員。第十九屆自企業選出的爲中國石油·天然氣集團公司總經理章建華（一九六四年生、黨代會代表）以及中車集團董事長劉化龍（一九六二年生、黨代會代表）兩位。兩人皆爲經營企業的領導幹部，並非紀律部門的負責人。前者蟬聯候補委員，中車則是因高速鐵道普及、成長顯著而初次進入「三委」之列。

表12　各個業種・各個企業之中央委員・中央候補委員・中央紀律委員

	第17屆			第18屆			第19屆		
	中央委員	中央候補委員	中央紀律委員	中央委員	中央候補委員	中央紀律委員	中央委員	中央候補委員	中央紀律委員
能源・電力	1	4	1	1	1	2		3	1
通信		1	1		1				
機械・船舶		3		1	1	1		2	1
宇宙・航天		4		2	2			5	
鋼鐵・鋁		4			1	2		2	
食糧						1		1	
電子・IT		1			2			1	
運輸			1					1	
建築・工程師		1						1	
銀行・保險		5		2	4	1		5	
企業代表總計	1	23	3	6	12	7	0	21	2

註：作者依據中央委員・候補委員・紀律委員名冊分類、統計、整理

表13 企業界選出之黨代會代表以及「三委」

	黨代會代表數	中央委員	中央候補委員	中央紀律委員	「三委」總計
第17屆	107	1	23	3	27
第18屆	145	6	12	7	25
第19屆	117	0	23	2	25

(4) 習近平爲何沒有指名接班人

孫政才為何失勢

第十九屆黨代會人事必須經過三個階段後才能決定。七月孫政才失勢下台、八月「北戴河會議」、九月王岐山動向（媒體報導）。孫政才垮台，是否是爲了讓陳敏爾上位的藉口呢？陳敏爾當時爲中央委員、貴州省書記。孫政才失勢後，陳敏爾直接被任命爲重慶市書記，既然是政治局委員等級的重慶書記，有了如此的黨內地位後即便是入主中央委員、常務委員也不會遭人異論才對。然而，實際上，卻有相當大的反對聲浪。此外，如果僅讓陳敏爾入局，即是成爲「習近平接班人」的訊號，因而受到推崇胡春華（胡錦濤等）派的人們反對。最後，兩人皆未入局，可能只能在「六〇後」的問題（接班人問題）上妥協。下一個人事問題則是王岐山的留任問題。

八月的「北戴河會議」一定有用某種形式去議論人事

問題。然而，看起來並沒有在當時做出最後決定。因爲九月時對於王岐山的動向報導看起來相當詭異。

王岐山的「留任」與「習思想」

九月的王岐山動向（媒體報導）可以說是用來說服黨內「反對留任」派的武器（「留任問題」）。然而，即便如此，黨內的反對聲浪還是相當大。反對「六〇後」（陳敏爾）入局、反對王岐山留任，最終只有採行「習思想」。「習思想」的重點形容詞是「新時代的」。

習近平雖然提出要達成二〇二二年（六十九歲）的三選目的，但是也可能會提出二〇二二年的接班人。「習核心人事」的重點在於不拘泥於習慣、制度的人事（排除「自然接班」）。雖然王岐山無法留任政治局常務委員，但是也有「國家副主席就任說」的風聲傳出（根據以報導黨代會人事爲主的「星島日報」推測）。

(5)黨代會後的人事——「習家軍」大幅抬頭

廢除「自然接班制度」

身爲「六〇後」存在象徵的胡春華最後未能進入政治局常務委員之列。原本兼任的廣東省書記地位也讓給來自遼寧，目前是無任職的政治局委員李希。根據黨代會後的訊息，雖然也有國家副主席的傳聞，但是那並不具有一直以來如胡錦濤、習近平這種「接班」的意味。與現在的李源潮不同，假設楊潔篪就任外交副總理，其國家副主席外交輔助的角色便式微、成爲眞正的名譽職，胡春華成爲總書記一事也無法萌芽。

在國務院副總理方面，韓正爲常務副總理、孫春蘭爲接任劉延東的女性副總理（負責教育・文化）、劉鶴接任馬凱，負責經濟・金融方面。這樣一來，胡春華即爲汪洋的接任者，負責對外經濟、貧困問題（農業・農村）。

習近平的前任總書記胡錦濤於十年前的第十七次黨代會上指名李克強（現總理、曾任共青團中央第一書記）爲接班人，但是因受到黨內反對而斷了念。到了二〇〇七年的黨代會，事實上已經指定習近平爲接班人（正式就任爲二〇一二年的黨代會）。從當時起，即廢止黨內默契（準規則——內規）的「自然接班制度」。也就是只要經歷過共青團中央指導部，即可確保年輕領導幹部未來職位的一種制度，是擁有共青團、地方領導幹部的資歷後保證得以晉升至中央的制度。歷代共青團中央第一書記、常務書記都是副省長、市長等地方行政長官必備的經歷。現任黑龍江省長陸昊（一九六七年生）也曾於二〇〇八年 二〇一三年擔任共青團第一書記，之後由秦宜智（從中央候補委員降格，現爲國家質量管理局副局長）接任。

習近平就任以來，共青團出身者雖然被冷處理，但是坊間並不認爲只是單純的「團派vs.太子黨」問題。甚至，出現打破菁英意識、打破團派出身者約定好可擁有之職位及未來，強打不問學歷、「雙非」（非中央委員、非中央候補委員）等登錄條件。習近平積極錄用先前任職福建省、浙江省、上海等地時的部屬，展現人事方面的彈性。這些也與近來蔚爲話題的「七上八下」問題（六十八歲退休制）相關。

黨四大機構皆為「習家軍」

黨代會開幕兩週間前，進行了黨中央四大機構（中央辦公廳、中央組織部、中央宣傳部、中央中央統戰部）的人事預測。分別在黨代會的中央委員選出選舉以及第十九屆中央委員會第一次總會（一中全會）中選出了中央委員、政治局委員、政治局常務委員。

黨中央四大機構皆爲政治局委員層級的單位。第十九屆政治局委員和前一屆同樣爲二十五人，但是其中十九人爲新任（表14）。再者，十九人當中，有十人（＊記號的成員）是過去和習近平關係密切的領導幹部（「習家軍」）。比起七人常委，第二任期的習近平體制在政治局委員層級的幹部方面配置了對習近平更有忠誠度的領導幹部，以支撐整個體制的基盤。

中央辦公廳

黨中央辦公廳爲黨的祕書處，爲習近平等政治局委員以上最高階幹部的秘書智囊團，同時也是負責籌備黨代會的單位。歷代中央辦公廳主任的位置是政治局常務委員的敲門磚。栗戰書也是河北省縣書記時期的習近平同事，先前歷任黑龍江、陝西、貴州等地方、並於前次黨代會（二〇〇七年）前就任中央辦公廳主任、爲第十八次黨代會事務

表14　黨中央四大機構人事

	前任	接任者	備註
中央辦公廳	栗戰書	丁薛祥	栗晉升常務委員後，丁接任主任。
中央組織部	趙樂際	陳　希	趙晉升常務委員後的人事更迭
中央宣傳部	劉奇葆	黃坤明	劉雖然再次被選入為中央委員，但已不再是政治局委員。今後的處境備受矚目。接任方面由黃常務副部長晉升。
中央統戰部	孫春蘭（女）	尤　權	孫留任政治局委員，為下屆政協副主席。由福建省書記尤權就任。然而，其在中央統戰部部長的地位從政治局委員，轉換為「準政治局委員」的書記處書記。

組負責人。前次從中央候補委員拔擢成為政治局委員，第十九次大會時如眾人預測晉升為政治局常務委員，取得繼習、李後的第三成員地位。二〇一八年三月成為張德江接班人，確實接任全國人民代表大會常務委員會委員長。

栗戰書成為常務委員，其接任者預測會是習近平國家主席辦公室副主任丁薛祥晉升。丁薛祥常駐上海，是習近平於二〇〇七年三月起至十月擔任上海市書記時的秘書（上海市委辦公廳主任），二〇一三年五月被習近平招攬上任成為中央辦公廳副主任、習近平總書記辦公室主任。與栗戰書一樣隨側在習近平的左右。此外，中央辦公廳主任的位置並不一定由政治局委員擔任，但是丁薛祥在現在的黨代會中，被拔擢成為政治局委員並且也接任書記處書記。與前任的栗戰書以同樣的方式晉升。

中央組織部

被視為黨人事部的中央組織部部長歷代都是政治局委員，再者，除了最近的李源潮（六十七歲，現國家副主席）外，經歷過其他組織部長者通常會是政治局常務委員、地位之高相當於黨中央直屬機關。曾擔任過部長的趙樂際畢業於北京大學，過去長年在青海省、陝西省等地方服務，前次黨代會時就任政治局委員後才初次於中央執行勤務、就任組織部長。趙與習近平沒有勤務上的接觸點，但是由於在地方、內陸及邊境地方的行政經驗豐富，符合習近平所重視的幹部任用條件。

趙樂際在這次的黨代會成爲政治局常務委員，繼承了王岐山的紀律委書記地位。後由常務副部長且爲習近平清華大學同學陳希接任部長，陳希先被選爲中央委員，且成爲中央委員會總會二十五位政治局委員之一。閉幕後的十月二十八日，由組織部長發布廣東省書記交接宣言。習慣上，在地方書記交接宣言方面，若該地方書記爲政治局委員時，必須由組織部長發佈；若爲中央委員時則由副部長發布該人事命令。

陳希出身福建，在清華大學時期加入共青團，與習近平在學生宿舍時爲同寢室室友、擔任過教育部副部長、遼寧省副書記等，於二〇一三年四月異動至中央組織部、擔任組織部常務副部長，事實上負責黨內人事，晉升相當順遂。

中央宣傳部

下屆黨代會的焦點之一是在黨章中放入「習近平思想」一案。將其立案、宣傳即是中央宣傳部的工作。

現有黨章中有一句「中國共產黨以馬克思列寧主義、毛澤東思想、鄧小平理論、『三個代表』重要思想、科學發展觀作爲行動指南」（黨章總綱）。『三個代表』爲江澤民、「科學的發展觀」爲胡錦濤就任總書記第二年後所提倡的內容，雖然有放入規約內，但是專有名詞並不是用「江澤民的『三個代表』」或是「胡錦濤的科學的發展觀」。

習近平於五年前就任時，即擁有總書記、國家主席、中央軍事委員會主席等「三大」地位。再者，就任初期即以「中國夢」（國家富強、民族振興、人民幸福）爲標語，以肅正黨內、黨員綱紀（揭發貪汙．腐敗）爲政策課題。以此內容實踐「治國理政」（本書中亦有提及）。

中央宣傳部當初計畫以黨章修正案來表現「習近平思想的『治國理政』」。此案後續表現成「黨中央的『治國理政』」，但是黨章修正案最終版本時又再度加入『習思想』。正式的說法爲：「習近平新時代中國特色社會主義思想」。幫忙實現這個版本的是福建時期的部屬、常務副部長黃坤明。黃坤明將此實績當作一個利器，確保了其在政治局委員以及書記處書記的地位。而且成爲中央宣傳部長。然而，對於前任中央宣傳部部長劉奇葆的處置卻很詭異。黨代會後的人事，雖然會重選中央委員，但是政治局員委員不在此限。劉奇葆一九五三年生（六十四歲）、還不到退休年齡。各位可以注意一下共青團中央出身的劉奇葆處境待遇。

中央統戰部

孫春蘭（女）擔任中央統戰部部長是在令計劃（一九五六年生，前中央辦公廳主任、第十八屆中央委員、二〇一六年七月失勢下台）之後，從天津市書記轉任。由政治局委員就任中央統戰部長可是頭一遭。孫重新被選為二十五位之一的政治局委員，擔任下屆政治協商會議第一副主席。故中央統戰部部長由從福建省書記異動至中央書記處書記的尤權（一九五四年生）擔任。尤權雖然不是政治局委員，但是在書記處書記的地位簡直等於「準政治局委員」、目前為止兩度被勸說擔任國務院副秘書長。曾任與台灣方面交流往來的福建省書記五年，最後的統一課題是與台灣進行統一工作的適當領導幹部人才。

政治局委員・書記處・紀律委員

第十九屆政治局委員與第十八屆同樣由二十五人（包含七位常務委員）所組成。二十五人當中，習近平等十人留任為政治局委員、剩餘的十五人為新任。十五位新政治局委員當中，丁薛祥、王晨、劉鶴、李強（黨代會前的七中全會，才剛自候補委員晉升為中央委員）、李鴻忠、楊潔篪、張又俠、陳希、陳全國、陳敏爾、郭聲琨等十一位自中央委員晉升、李希自中央候補委員被拔擢、楊曉渡自中央紀律委轉任・晉升、黃坤明與蔡奇自一般黨員被大幅拔擢。第十八屆政治局委員二十五人當中，孫政才於黨代會前失勢下台、李源潮卸任、劉奇葆與張春賢兩人雖然成為中央委員，但是未能續任政治局委員。兩位與李源潮（現任國家副主席）在年齡方

表15 第十九屆政治局委員列表

		黨內地位	前職	備註（預測下屆兼任地位）
習近平（1953）	續任	政治局常務委員・總書記	國家主席	留任
李克強（1955）	續任	政治局常務委員	國務院總理	留任
＊栗戰書（1950）	新任	政治局常務委員	中央辦公廳主任	下屆全人代委員長
汪　洋（1955）	新任	政治局常務委員	國務院副總理	下屆政協主席或常務副總理
王滬寧（1955）	新任	政治局常務委員	中央政策研究室主任	書記處書記
趙樂際（1957）	新任	政治局常務委員	前中央組織部長	紀律委書記
韓　正（1954）	新任	政治局常務委員	前上海市書記	下屆政協主席或常務副總理
＊丁薛祥（1962）	新任	政治局委員	中央辦公廳副主任	中央辦公廳主任
王　晨（1950）	續任	政治局委員	全人代副委員長	留任
＊劉　鶴（1950）	新任	政治局委員	中央財經辦主任	下屆副總理
許其亮（1950）	續任	政治局委員	軍事委副主席	留任
孫春蘭（1950）	續任	政治局委員（女）	中央統戰部部長	下屆副總理
郭聲琨（1954）	新任	政治局委員	國務委員・公安部長	下屆政法委書記
＊李　強（1959）	新任	政治局委員	江蘇省書記	上海市書記
李鴻忠（1956）	新任	政治局委員	天津市書記	留任
楊潔篪（1950）	新任	政治局委員	國務委員（外交）	下屆副總理（外交）
楊曉渡（1953）	新任	政治局委員	監察部長・書記處書記・紀律委常務副書記	留任
＊張又俠（1950）	新任	政治局委員	軍事委副主席	留任
＊陳希（1953）	新任	政治局委員	前組織部副部長	中央組織部長
陳全國（1955）	新任	政治局委員	新疆自治區書記	留任

表15　第十九屆政治局委員列表（續）

		黨內地位	前職	備註（預測下屆兼任地位）
＊陳敏爾（1960）	新任	政治局委員	重慶市書記	留任
胡春華（1963）	續任	政治局委員	前廣東省書記	下屆副總理
＊李　希（1956）	新任	政治局委員	前遼寧省書記．廣東省書記	廣東省書記
＊黃坤明（1956）	新任	政治局委員	中央宣傳部常務副部長	中央宣傳部長
＊蔡　奇（1955）	新任	政治局委員	北京市書記	留任

註：依正式公布內容製表。下屆位階為預測、＊記號之人物為習近平原本的部屬、同事（2017年12月1日現在）。

表16　黨代會後之地方書記人事

	前任書記	接任書記	接任省長	備註
廣東省	◎胡春華	◎李　希	○馬興瑞	胡預定就任國務院副總理。李希自遼寧省調任，接近習近平。
上海市	☆韓　正	◎李　強	○應　勇（□周波）	應並沒有隨著韓正晉升常務委員的人事命令而獲得預期的晉升，傳聞應將就任最高人民法院長。可能會由周波副市長（55歲）晉升、接任市長？
福建省	○尤　權	○于偉國	○于偉國	尤就任書記處書記、中央統戰部部長。
河北省	○趙克志	○王東峰	○許　勤	趙轉任公安部長、王（中央委員）自天津市長異動。許勤為前深圳市書記。
遼寧省	◎李　希	○陳求發	○陳求發	下屆省長為唐一軍（就任省長代理人、前浙江副書記．寧波書記）
江蘇省	◎李　強	○婁勤儉	○吳政隆	隨著李強轉任上海市書記後之人事變更、婁勤儉從陝西省調任。婁的接任人尚未發表。
陝西省	○婁勤儉	○胡和平	○胡和平	婁勤儉轉任江蘇省書記、婁的接任者胡和平書記曾至東大留學。

註：☆為政治局常務委員、◎為政治局委員、○為中央委員、□為中央候補委員（2017年10月31日）。

面皆未達卸任年齡，今後的就任動向備受矚目。

新任七人當中，蔡奇、李鴻忠、陳全國、陳敏爾等四人皆曾擔任直轄市與新疆自治區書記，四人於黨代會時皆非政治局委員。這些地方書記由於曾位居政治局委員地位，因此在本次黨代會中如預期地取得延續該地位的黨內地位。同樣位居兼任政治局委員地位的上海市以及廣東省書記隨著前任異動，在上海方面由李希、廣東方面則由李強就任這兩個距離習近平較近的地方領導幹部。再加上「兩李」目前爲止皆爲中央候補委員（李強於黨代會前的七中全會晉升爲中央委員），也算是一種人事拔擢。

書記處

書記處與第十八屆同樣由七人構成，但是第十八屆時的成員結構是政治局常務委員一人、政治局委員三人、中央委員三人。第十九屆政治局常務委員同樣只有一位，但是卻強制佈局爲五位政治局委員以及一位中央委員。加上黨中央四大機構，紀律以及政法委書記，除了黨內日常業務、秘書等一直以來的功能角色外，亦企圖強化在規律、法政方面所扮演的角色。

中央紀律委員會

中央紀律委員會到最後不得已才開始處理前書記王岐山的留任問題。習近平的黨內反腐敗舉發活動到了第二任期仍沒有鬆懈的跡象，爲了堅持與實踐該態勢，推測應會讓王岐山留任。原本預測會由當初習近平所信賴的栗戰書出任，結果竟然指名由與栗戰書同樣與習近平親近的前中央組織部長趙樂際擔任。習近平就任總書記後大力揭發貪汙、腐敗以來，黨人事的實權即從組織部移至紀律委，人事錄用之際必須先經過紀律委的確認。現在，紀律委還被揶揄根本就等同人事部。

第十九屆中央紀律委員會（「三委」之一）以趙樂際爲首，由八位副書記、十九位常務書記（包含副書記），以及一百三十三位委員所組成。副書記八人、常務委員十九人與第十八屆相同，但是委員人數卻比第十八屆的一百三十人還多出三位。其中一位副書記李書磊（一九六四年生）備受矚目。李擁有「神童」名號，於北京大學畢業後，長期任職於中央黨校，於習近平擔任校長（二〇〇七年～二〇一二年）時期，因擔任習近平的政治文書秘書而顯得相當活躍。歷經福建、北京等紀律委書記後，擔任中央紀委副書記，並以副書記頭銜協助趙樂際，是紀律委員會當中的一名「習家軍」大將。

「先軍後黨」

和五年前一樣，召開第十九次黨代會之前，會先發布軍方的人事命令。五年前，也就是二〇一二年十月公布了舊有四總部（總參謀部等）的人事。強力執行中國共產黨傳統「先軍後黨」的人事布局。本次二〇一七年的軍方人事亦實施「先軍後黨」，再者，本次很明顯的特徵是要在軍方錄用習近平親信的軍方幹部，香港媒體稱之爲「習家軍」。最受矚目的是就任聯合參謀部參謀長的李作成。李自陸軍司令員晉升，爲一九八四年中越防衛戰爭的「戰鬥英雄」、是一名可實踐習近平「實戰第一」軍事思想的軍人。前任房峰輝（一九五一年生）可能因貪腐而受到「調查」，但是這項傳言其實是眞的（「根據博聞社—蘋果日報報導，同時期之「調查」對象—前政治部主任張陽十一月二十三日於自宅自殺身亡」）。

決定晉升北部戰區空軍司令丁來杭（一九五七年生）爲空軍司令員九月一日正式發表，於黨代會選出成爲中央委員）。前任馬曉天（一九四九年生，雖然被選爲黨代會代表，但是並未被選出成爲中央委員）卸任。

丁來杭於習近平在福建省時期擔任空軍第八軍（福建漳州）、任職過空軍福州指揮所，是與習近平關係良好的「習家軍」成員之一。擔任黨代會的中央委員，據說已約定好後續會晉升爲上將。黨代會前後所決定之軍方人事情報彙整如表17。

表17 軍方的「習家軍」—第十九次大會的軍方人事

（軍方高層—軍事委副主席・軍事委員）

	出生年	黨內地位・軍階	現職	前職	備註
張又俠	1950年	政治局委員 上將	中央軍事委員會副主席（如預期就任）	軍事委員・裝備發展部長	習近平（軍方內部的「太子黨」）親信
魏鳳和	1954年	中央委員 上將	軍事委委員 （雖然有傳聞會就任副主席，但未能就任）	軍事委委員・火箭軍司令員	留學俄國、一直以來都在火箭軍
＊李作成	1953年	中央委員 上將	軍事委委員 聯合參謀部參謀長 （2017年8月26日就任） （雖然有傳聞會就任副主席，但未能實現）	陸軍司令官	中越防衛戰的「戰鬪英雄」 2017年11月9日，美國川普總統訪中時，列席中美元首會談。

（軍方幹部—司令官・戰區司令・副司令）

	出生年	黨內地位・軍階	現職	前職	備註
＊韓衛國	1956	上將	中央委員 陸軍司令員	中部戰區司令員	內蒙古軍事演習總指揮
＊苗　華	1955	上將	軍事委委員 中央委員 海軍政治委員	軍事委政工部主任	習近平福建時期的軍官 前任張陽遭到「調查」（自殺）
宋普選	1954	上將	北部戰區司令員	後勤保障部長	2016年習近平東北視察時隨行 自中央委員卸任

	出生年	黨內地位・軍階	現職	前職	備註
＊李尚福	1958	中將	中央委員 裝備發展部長	戰略支援部隊副司令員	一直以來都在裝備發展部
＊丁來杭	1957	中將	中央委員 空軍司令員	北部戰區空軍司令員	習近平福建時期的軍官（空軍第八軍、空軍福州司令）
＊秦生祥	1957	中將	中央委員 海軍政治委員	軍委辦公廳主任	軍政治畑出身、習近平親信。
＊鐘紹軍	1961	少將	軍委辦公廳副主任・軍事委主席辦公室主任	（雖有秦生祥的接任主任資訊，但是並未確認）	浙江省出身、習近平親信 未成為中央委員
乙曉光	1958	中將	中央委員 聯合參謀部副參謀長	北部戰區司令員 （韓衛國）	空軍出身
韓勝延	1956	中將	西部戰區空軍副司令		空軍出身、特例異動至陸軍（來自《博聞》情報）
馮丹宇	1962	少將	裝備發展部副部長	海軍副司令員	馮丹宇為馮玉祥（1882年生、中華民國時期的將軍）的孫子。

註：＊標記之軍人為「習家軍」成員。

軍方人事——習近平的「失敗」

根據黨代會前的資訊，雖然有傳言軍事委員會副主席及軍事委員將會增員，但是最終副主席由許其亮續任（亦續任政治局委員）、卸任之范長龍（沒有被再選爲中央委員）接任者由習近平親信的張又俠（一九五〇年生，前裝備發展部長）晉升，兩人體制不變。軍事委員會委員也從第十八屆的十人制減至七人制。這個部分究竟是透過軍方人事強化了習近平的權力基盤還是倒退，意見有所分歧。如開頭所述，黨代會的焦點人事之一是要拔擢軍事委員會的「習家軍」副主席，如果這是習近平當初的計畫，那麼人事方面習算是「失敗」。

表18　中央軍事委員會

	姓名（年齡）	軍階	所屬	黨內地位
主席	習近平（64）	文人	黨總書記、國家主席	政治局常務委員
副主席	許其亮（67）	上將	續任副主席、空軍出身	政治局委員
	張又俠（67）	上將	新任、前裝備發展部長	政治局委員
委員	魏鳳和	上將	新任、前火箭軍司令官	中央委員
	李作成（64）	上將	新任、聯合參謀部參謀長（前陸軍司令官）（列席中美元首會談）	中央委員
	苗　華（62）	上將	新任、前海軍司令官（從陸軍轉至海軍）	中央委員
	張昇民（59）	上將	新任、軍紀律委員會書記（第二砲兵出身）（第十九屆黨代會後直接任命為上將）	中央委員

國務院人事—部長全數皆為中央委員

隨著黨代會的高階幹部人事更迭，地方書記的異動會在一年內進行，因此預定會在隔年三月的全人代上討論國家人事、國務院人事等人事議題。此外，三十一省市區當中，並沒有女性書記，擔任行政高階幹部的女性只有寧夏自治區主席咸輝（一九五八年生）以及貴州省長（代理）諶貽琴（一九五九年生）兩位。

國務院部長等級方面，除了預定即將退休卸任的國防部長常萬全（一九四九年生）、人力資源和社會保障部長尹蔚民（一九五三年生）、國土資源部長姜大明（一九五三年生）、水利部長陳雷（一九五四年生）以外，其餘部長・主任全數皆被選爲中央委員（註：科學技術部長萬鋼非黨員、書記王志剛被選爲中央委員）。國務院部長層級中亦有許多「雙非」黨員，商務部長鐘山、住房城鄉建設部長王蒙微等皆順利被選爲中央委員。

備受矚目的人民銀行行長周小川（一九四八年生）延續前次的狀況，仍未被選爲中央委員（未成爲黨代會代表）。在那些有力的接任候補人當中，中國銀行業監督管理委員會主席郭樹清（一九五六年生）、湖北省書記蔣紹良（前人民銀行副行長、一九五七年生），以及證券業監督管理委員會主席劉士余（一九六一年生）三人被選爲中央委員，同樣被視爲有希望的副行長易綱（一九五八年生）則成爲中央候補委員。這樣的人事命令想必替下一屆行長選舉帶來相當重大的意義。以人民銀

表19 國務院各單位．主要部委及黨內地位

	姓名		黨內地位	備註
總理	李克強	廣西自治區	☆	
副總理	張高麗	陝西省	卸任	2018年3月前為常務副總理
〃	劉延東	安徽省	卸任	2018年3月前為副總理
〃	汪洋	四川省	☆	預計2018年3月就任全國政協主席
〃	馬凱	甘肅省	卸任	
國務委員	楊晶	中央國家機關	卸任	
〃	常萬全		退役	解放軍
〃	楊潔篪	中央國家機關	◎	預定就任下一屆外交副總理
〃	郭聲琨	武警部隊	◎	亦為武警第一政治委員。
〃	王勇	吉林省	◎	
秘書長（兼）	楊晶	中央國家機關	卸任	
外交部	王毅	中央國家機關	○	2018年3月就任國務委員？
國防部	常萬全			
國家發展改革委員會	何毅亭	中央國家機關	○	自候補委員晉升
教育部	陳寶生	中央國家機關	○	
科學技術部	萬鋼	中央國家機關		萬鋼並非黨員 副部長（書記）王志剛為中央委員
工業信息化部	苗圩	中央國家機關	○	續任部長？
國家民族委員會	巴特爾（蒙古）	中央國家機關	○	
公安部	郭聲琨	武警	◎	郭聲琨為下一屆政法委書記
國家安全部	陳文清	中央國家機關	○	
監察部	楊曉渡	中央直屬機關	◎	書記處書記、兼任中央紀律委副書記

表19 國務院各單位・主要部委及黨內地位（續）

	姓名		黨內地位	備註
民政部	黃樹賢	中央國家機關	○	
司法部	張軍	中央國家機關	○	兼任中央紀律委員
財政部	肖捷	中央國家機關	○	下屆國務院秘書長、接任者為王軍（稅務局長、中央委員）？
人力資源社會保障部	尹蔚民	中央國家機關	卸任	
國土資源部	姜大明	中央國家機關	卸任	
環境保護部	李干傑	河北省	○	
住宅・都市農村建設部	王蒙微	中央國家機關	○	自一般黨員晉升
交通運輸部	李小鵬	中央國家機關	○	自中央候補委員晉升
水利部	陳雷	中央國家機關	○	
農業部	韓長賦	中央國家機關	○	
商務部	鐘山	中央國家機關	○	自一般黨員晉升
文化部	雒樹剛	中央國家機關	○	
國家衛生計畫出產委員會	李斌（女）	中央國家機關	○	
中國人民銀行	周小川	金融系統	卸任	2018年3月以後的去處備受矚目
審計署（台灣的審計部）	胡澤君（女）	中央國家機關	○	

註：☆政治局常務委員、◎政治局委員、○中央候補委員。

行爲首，除了退休卸任的部長．主任以外，今後與地方人事的關係在隔年三月全人代之前都可能還會有異動。

河北省書記趙克志就任公安部長。地方書記移動至國務院部長雖然不稀奇，但是案例也不多。承襲了前任孟建柱（一九四七年生，未續任中央委員、卸任）自江西省書記異動爲公安部長的方式。然而，孟建柱先前是政治局委員，趙克志則是中央委員。

外交相關人事

二〇一八年三月全人代時，將會處理國家以及國務院的人事議題。隨著地方人事異動，已經開始進行國務院部分部長層級的人事異動，還有一個焦點是外交相關人事，特別是被選爲政治局委員的楊潔篪是否會在睽違十五年後出任外交副總理。隨著此一變化，現任的王毅外交部長是否會成爲國務委員，其接班人宋濤是否會就任共產黨對外聯絡部部長？下屆駐美大使、駐日大使最終會由何人出任？等皆是北京在外交方面值得關心的事。

從表20可以看出一九八二年起實施國務委員制度後之外交副總理、國務委員（外交）以及外交部長之間的關係。一九八二年起至一九八八年之間，歷任外交部長皆擔任外交國務委員。一九八八年起至二〇〇三年之間的三屆，則是由具有外交部長經驗者晉升爲外交副總理，這段期間內並未設置外交國務委員。錢其琛雖然非職業外交官出身，但是兼任外交部長並且擔任副總理。錢其琛以後，從唐家璇開始到現在的王毅，皆爲外交官出身就任外交部長以及國務委員。戴秉國（一九四一年生）自外交部副部長轉任國務委員，並且曾爲前蘇聯·東歐的職業外交官。

李肇星（一九四〇年生）一路擔任駐美大使、外交部長，但卻無法就任國務委員，歷經全人代外事委員會主任，目前爲北京大學教授。在中國外交部，職涯展現最華麗的路徑是擔任駐美大使、外交部長、擔任國務委員或是副總理，楊潔篪是其中的最佳典範。

話說回來，從二〇〇三年開始迄

表20　外交副總理與國務委員·外交部長之關係

	副總理（負責外交事務）	國務委員（負責外交事務）	外交部長
1982年～83年	2（無）	10（黃華）	吳學謙
1983年～88年	4（無）	4（姬鵬飛）	吳學謙
1988年～93年	3（吳學謙）	9（無）	錢其琛
1993年～98年	4（錢其琛）	9（無）	錢其琛（兼務）
1998年～03年	4（錢其琛）	5（無）	唐家璇
2003年～08年	4（無）	5（唐家璇）	李肇星
2008年～13年	4（無）	5（戴秉國）	楊潔篪
2013年～18年	4（無）	5（楊潔篪）	王　毅
2018年～23年	?	?	?

表21　中國與美國外交事務負責人

	現職	美國人脈	備註
習近平（64）	國家主席、總書記、黨中央外事工作領導小組長	川普總統 駐華大使Terry Branstad	推動「大國外交」「新時代外交」
汪　洋（62）	政治局常務委員、國務院副總理	美中戰略對話之中國首席顧問、美國商務部長Wilbur Ross	雖然被視為是下屆政協主席，但是從重視美中關係的觀點來看，亦可能成為常務副總理。
丁薛祥（57）	政治局委員、黨中央辦公廳主任		川普總統訪中時列席、APEC會議隨行
劉　鶴（65）	政治局委員、黨中央財經領導小組辦公廳主任	哈佛大學畢業	川普總統訪中時列席、APEC會議隨行
楊潔篪（67）	政治局委員、國務委員	曾任駐美大使	「習外交」負責人 下屆外交副總理
王　毅（64）	中央委員、外交部長		歷任駐日大使、下屆國務委員？
宋　濤（62）	中央委員、黨對外連絡部長		福建出身（習近平原本的部屬）、外交部出身、北韓特使（11月16日） 下屆外交部長？
李作成（64）	中央委員、軍事委員、聯合參謀部參謀長		川普總統訪中時列席
鄭澤光（54）	黨員、外交部副部長（負責美州）	駐美中國大使館公使	川普總統訪中時列席、下屆駐美大使候補

今，連續三屆位居外交事務最高負責長官等同國務委員的位置。然而，在外交相關組織中，設有外交副總理時，就不會再設置負責外交工作的國務委員。從年齡來看，王毅（一九五三年生，六十四歲）可能還有五年可以持續擔任外交部長，但是坊間盛傳其擔任國務委員的意願相當高。透過外交副總理——外交國務委員——外交部長這「三頭馬車」，可望實現習近平的「大國外交」目標。然而，該如何布陣肯定是二〇一八年三月全人代的一大焦點。待這三大人事搞定後，即可決定駐美、駐日、朝鮮半島大使等的幹部人事安排。

(6)二〇二二年黨代會——誰是接班候補人？

未進行暗示接班相關事宜的意思

習近平在黨代會上表示尚未進行二〇二二年以後的接班人（候補者）人事相關事宜。此舉招來習近平本身可能會在二〇二二年以後續任的憶測。的確，過去黨代會，特別是在總書記就任第二任期時，就會由高階幹部團—政治局常務委員選出接班候補的標的人物。二〇〇二年就任總書記的胡錦濤於一九九二年被選爲政治局常務委員，獨行高階領導之路。後來成爲前總書記江澤民的接班人，實際上是由鄧小平所指名的。

二〇〇七年的黨代會，新世代代表習近平、李克強二人成爲政治局常務委員，事實上在被選出的時點下，序列較前面的習近平獲得了指名接班，並於二〇一二年就任。原本接班胡錦濤呼聲較高的李克強就任第二位總理。同時，在該階段下，胡春華與孫政才二人以「六〇後」之姿進入政治局委員，對於這兩人即將進入下屆接班路線等皇帝不急急死太監的預測在社會上流傳著。結果，孫政才在黨代會前失勢下台、胡春華亦無法晉升，雖然仍續任政治局委員，但是人事方面已被暫時冷凍。也有傳聞胡春華將於二〇一八年三月的全人代就任國務院副總理。然而，這也意味著事實上已經偏離了接班路線。

筆者一開始就有提到這兩位「六〇後」無法成爲政治局常務委員，二人也不是習近平看上眼的接班人，接班人應該會是陳敏爾（重慶市書記．晉升政治局委員）。如同一開始所說，陳敏爾應該會被指名爲接班人，也有可能在政治局常務委員選舉就失敗。然而，還是很有機會在二〇二二年成爲指定接班人。

二〇二二年的人事

第二任期的黨代會並沒有談到接班人事，是否與二〇二二年習近平不卸任、要續任？本次黨代會，王岐山的續任投票未能成功。意味著遵守黨內準則「七上八下」（六十七歲退休制）。另一方面，有人說王岐山的續任投票開闢了二〇二二年習近平自己的續任之路，因此，王的續任投票恐怕只是習的手段而已。

二〇二二年時，習近平已屆六十九歲。在受到年齡限制的同時，也與憲法中國家主席「不得連任三次」有所牴觸。總書記方面也幾乎會遇到同樣的狀況。然而，在黨總書記方面，並沒有明確的規定。過去國家主席與總書記可以分別擔任，考量今日中國在國際社會上的地位，國家主席名譽職恐會造成國際形象大扣分並非眞實情況。修正「禁止連任三次」反而比較貼近現實。也有部分人士主張恢復「黨主席制」，但是這件事情與續任投票程序上的相關性並不明確。

試想單純符合年齡限制的狀況。七位政治局常務委員中，會於二〇二二年受到年齡限制的有習近平、栗戰書、韓正等三人。剔除該三人後，勉強還有李克強、汪洋、王滬寧、趙樂際等四人留下，其中最年輕的是趙樂際。

政治局委員方面又是如何呢？二〇二二年時，「六十八歲以下」的勉強還有丁薛祥（六〇歲，二〇二二年時點，以下略同）、李希（六十六）、李強（六十三）、李鴻忠（六十六）、陳全國（六十七）、陳敏爾（六十二）、胡春華（五十九）、黃坤明（六十六），以及蔡奇（六十七）。這九人爲下屆政治局常務委員候補，也是習近平的接班候補，其中有五人是「習家軍」，因此候補接班人可以說相當多。然而，二〇二二年後十年的可能候補者還有丁薛祥、李強、陳敏爾三人，僅從年齡來看的話，胡春華的可能性也不一定會是零。

習近平第二任期政權才剛起步，從現在開始五年之間，不知道還會發生些什麼事。雖說是「習家軍」，也不能保證就不會失勢下台。高階幹部人事意味著搶占今後十年的位置，因此本屆中央候補委員也可能與十年後的高階幹部人事有所關聯，可以多加注意。

表22　2022年的政治局常務委員．政治局委員

（政治局常務委員）

	2017年	2022年	因年齡限制，續任之可能性與現職（推測）
習近平	64	69	無，但是黨總書記並沒有「退休」限制
李克強	62	67	有，國務院總理
栗戰書	67	72	無，下屆全人代委員長
汪　洋	62	67	有，下屆全國政協主席
王滬寧	62	67	有，書記處書記
趙樂際	60	65	有，紀律委書記、「總書記候補接班人」
韓　正	63	68	無，下屆常務副總理

表22　2022年的政治局常務委員．政治局委員（續）

（政治局委員）

	2017年	2022年	因年齡限制，續任之可能性與現職（推測）
丁薛祥	55	60	有，中央辦公廳主任、習近平國家主席辦公室主任
王　晨	67	72	無，全人代副委員長、前人民日報社長
劉　鶴	67	72	無，中央財經工作領導小組公室主任、下屆副總理
許其亮	67	72	無，軍事委副主席（留任、空軍出身）
孫春蘭（女）	67	72	無，2018年3月、就任國務院副總理？
李　希	61	66	有，廣東省書記（前遼寧省書記、前西安市書記）
李　強	58	63	有，上海市書記（前江蘇省書記、前浙江省書記）
李鴻忠	61	66	有，天津市書記（前湖北省書記、前深圳市書記）
楊潔篪	67	72	無，國務委員、2018年3月、就任副總理
楊曉渡	64	69	無，書記處書記、中央紀律委副書記、監察部長
張又俠	67	72	無，中央軍事委副主席（新任、陸軍出身）
陳　希	64	69	無，中央組織部長（前副部長、習近平同窗．室友）
陳全國	62	67	有，新疆自治區書記、前藏區書記
陳敏爾	57	62	有，重慶市書記（前貴州省書記、習近平親信）
胡春華	54	59	有，前廣東省書記、下屆國務院副總理
郭聲琨	63	68	無，中央政法委書記（前公安部長、鋁專家）
黃坤明	61	66	有，中央宣傳部長（前杭州市書記、習近平親信）
蔡　奇	62	67	有，北京市書記（福建時代的習近平部屬）

參考文獻

（中文與英文文獻依出版年順序，日文文獻依作者名的五十音順序）

中文

《中南海》（寫眞集），新華出版社，一九八一年。
中國革命博物館編，《紀念劉少奇》，文物出版社，一九八六年。
陳敦德，《毛澤東・尼克松在一九七二》，解放軍文藝出版社，一九八八年。
尤康、漢平、劉氣豪，《中南海故事》，大公報，一九九四年。
樹軍編著，《京城故事》，九州圖書出版，一九九七年。
黃峰，《劉少奇冤案始末》，中央文獻出版社，一九九八年。
元莉，《毛澤東晚年生活瑣記》，中央文獻出版社，一九九八年。
張隨枝，《紅牆內的警衛生涯》，中央文獻出版社，一九九八年。

「周恩來」（ＤＶＤ），中共中央文獻研究室·中央電視台，一九九八年。

樹軍編著，《釣魚台歷史檔案》，中央黨校出版社，一九九九年。

幽燕編著，《中南海的紅嬌娃》上下，中國婦女出版社，一九九九年。

趙蓉，《中南海塵影》，西苑出版社，一九九九年。

李玉祥編，《老房子北京四合院》，江蘇美術出版社，一九九九年。

章含之，《跨過厚厚的大紅門》新版，文匯出版社，二〇〇二年。

李靜主編·劉振德等著，《實話實說　福祿居》，中國青年出版社，二〇〇三年。

趙寶成主編，《世紀留念北京名人故居舊宅院》上下，地震出版社，二〇〇三年。

趙煒，《西花廳歲月》，中央文獻出版社，二〇〇四年。

中央電視台·中共中央文獻研究室，《百年小平》，新世界出版社，二〇〇四年。

京夫子，《中南海恩仇錄》，台北聯經出版，二〇〇四年。

樹軍編著，《中南海備忘錄》，西苑出版社，二〇〇五年。

董保存，《走進懷仁堂》上下，中共黨史出版社，二〇〇五年。

曾建微，《中南海紀事》，五洲傳播出版社，二〇〇六年。

杜修賢攝影，《共和國紅鏡頭》，中共黨史出版社，二〇〇六年。

孔東海，《改變世界的日子—與王海蓉談毛澤東外交往事》，中央文獻出版社，二〇〇六年。

王光美，《我與少奇》，中央文獻出版社，二〇〇六年。

王鶴濱，《我在毛澤東身邊的日子》，台灣旭昇圖書有限公司出版，二〇〇七年。

王凡·東平著，《紅牆記憶》上下，當代中國出版社，二〇〇七年。

《翠明莊》，黨建讀物出版社，二〇〇七年。

李鵬，《市場與調控　李鵬經濟日記》上中下，中國電力出版社，二〇〇七年。

高振普，《周恩來衛士回憶錄》，上海人民出版社，二〇〇八年。

水靜，《義薄雲天情似海—緬懷薄一波和胡明同志》，中央文獻出版社，二〇〇八年。

王文波攝影，《四合院情思》，中國民族攝影藝術出版社，二〇〇八年。

徐鵬編著，《圖說中國皇家園林》，中國人民大學出版社，二〇〇八年。

《圖說中國建築藝術》，上海三聯書局，二〇〇八年。

張復合編著，《圖說北京近代建築史》，清華大學出版社，二〇〇八年。

劉愛琴，《我的父親劉少奇》，人民出版社，二〇〇八年。

周秉德，《我的伯父周恩來》，人民出版社，二〇〇九年。

黃祖琳，《劉少奇家世》，上海人民出版社，二〇〇九年。

谷牧，《谷牧回憶錄》，中央文獻出版社，二〇〇九年。

閻後英，《中南海傳奇》，西苑出版社，二〇〇九年。

陳長江．趙桂來，《毛澤東最後10年》，中央黨校出版社，二〇〇九年。
陳溥．陳晴，《皇城遺韻：西城》，中國社會出版社，二〇〇九年。
王震宇主編，《在毛澤東身邊》，人民出版社，二〇〇九年。
顧保孜，《中南海人物春秋》上下，中央黨史出版社，二〇〇九年。
德齡．容齡著，《在太后身邊的日子》，紫禁城出版社，二〇〇九年。
張絳，《劉少奇家事》，中央文獻出版社，河南大學出版社，二〇一〇年。
李鐵生．張恩東主編，《南羅鼓巷史話》，北京出版集團公司，二〇一〇年。
羅海岩，《王光美私人相冊》，新華出版社，二〇一〇年。
李靜主編，《實話實說　豐澤園》上下，中國青年出版社，二〇一〇年。
李靜主編，《實話實說　西花廳》上下，中國青年出版社，二〇一〇年。
徐焰等編著，《中南海往事追蹤報告》上下，中央文獻出版社，二〇一〇年。
顧英奇．許奉生，《瀛洲紀事》，人民出版社，二〇一〇年。
顧保孜撰文．杜修賢攝影，《毛澤東　最後七年風雨路》，人民文學出版社，二〇一〇年。
權延赤，《紅牆深處》，人民日報出版社，二〇一〇年。
夏佑新，《走進毛澤東遺物館》，振興出版社，香港，二〇一〇年。
洪燭，《老北京人文地圖》，新華出版社，二〇一〇年。

周望，《中國「小組機制」研究》，天津人民出版社，二〇一〇年。
王鶴濱，《紫雲軒的主人》，中央黨校出版社，二〇一一年。
李慶貴．王澤軍，《中南海外交風雲》，中央黨校出版社，二〇一一年。
陳烈，《田家英與小莽蒼蒼齋》，三聯書店，二〇一一年。
王凡．東平，《紅牆醫生》，中國青年出版社，二〇一一年。
顧保孜著．杜修賢攝影，《中南海風雲人物沉浮錄》，貴州人民出版社，二〇一一年。
王凡．東平，《紅牆童話　我家住在中南海》，中國青年出版社，二〇一一年。
烏吉成．王凡，《紅牆警衛》，中國青年出版社，二〇一二年。
張海林，《紀坡民憶中南海往事》（《瞭望東方週刊》三九八期，二〇一二年六月）。
鄧榕，《我的父親鄧小平──「文革」歲月》，香港三聯書局，二〇一三年。

英文

Andrew J.Nathan ed. *Tiananmen Papers*, London, 2002.
Lou Qingxi, *Chinese Gardens*, China International Press, 2003.
Geremie R. Barme, *The Forbidden City*, London, 2008.

Robert Lawrence Kuhn, *How China's Leaders think*, John Wiley & Sons (Asia), 2010.

Richard McGregor, *The Party-The Secret World of China's Communist Rulers*, 2010. Penguin Books（小谷まさ代訳，『中国共産党—支配者たちの秘密の世界』，草思社，二〇一一年）。

Henry Kissinger, *On China*, Penguin Press, 2011（塚越敏彦・松下文男・横山司・岩瀬彰・中川潔訳，『キッシンジャー回想録　中国』上下，岩波書店，二〇一二年）。

Ezra F. Vogel, Deng Xiaoping, Harvard University Press, 2011（益尾知佐子・杉本孝訳，『現代中国の父　鄧小平』，日本経済新聞社，二〇一三年）。

日文

浅田次郎，『蒼穹の昂』上下，講談社，一九九六年，講談社文庫（全四巻），二〇〇四年。

浅田次郎，『珍妃の井戸』，講談社，一九九七年，講談社文庫，二〇〇五年。

浅田次郎，『中原の虹』全四巻，講談社，二〇〇六～二〇〇七年，講談社文庫，二〇一〇年。

朝日新聞中國総局，『紅の党』，朝日新聞出版，二〇一二年，《紅の党　完全版》，朝日文庫，二〇一三年。
伊藤正，『鄧小平秘録』上下，産経新聞社，二〇〇八年，文春文庫，二〇一二年。
加藤千洋，『胡同の記憶―北京夢華録』，平凡社，二〇〇三年，岩波現代文庫，二〇一二年。
加藤千洋，『中国食紀行』，小学館，二〇〇五年。
茅沢勤，『習近平の正体』，小学館，二〇一〇年。
胡安鋼／丹藤佳紀訳，『中国　集団指導制』，科学出版社東京，二〇一四年
高文謙／上村幸治訳，『周恩來秘錄』上下，文芸春秋，二〇〇七年，文春文庫，二〇一〇年。
佐藤賢，『習近平時代の中国』，日本経済新聞社，二〇一一年。
産経新聞「毛沢東秘録」取材班『毛沢東秘録』上下，産経新聞社，一九九九年，扶桑社文庫，二〇〇一年。
ジョン・バイロン、ロバート・パック／田畑曉明訳，『龍のかぎ爪康生』上下，岩波現代文庫，二〇一一年。
高木健夫，『北京百景』，新民印書館，一九四三年。
高橋博+21世紀中国総研，『中国最高指導者Who's Who』，蒼蒼社，二〇一三年

竹内実，『毛沢東』，岩波新書，一九八九年。
唐亮，『現代中国の政治—「開発独裁」とそのゆくえ』，岩波新書，二〇一二年。
二階堂進，『日中国交秘話　中南海の一夜』（『大平正芳，政治的遺產』所収，財団法人大平正芳記念財団，一九九四年）。
日本国際観光局，『北京遊覧案内』，一九三八年
ハリソン・ソールズベリー／三宅眞理・NHK取材班訳，『天安門に立つ—新中国40年の軌跡』，NHK出版，一九八九年。
ハリソン・ソールズベリー／天児慧監訳，『ニュー・エンペラー—毛沢東と鄧小平の中国』，福武書店，一九九三年，福武文庫（上下），一九九五年。
安藤更生，『北京案内記』，新民印書館，一九四一年。
道上尚史，『外交官が見た「中国人の対日観」』，文春新書，二〇一〇年。
宮崎市定，『科挙』，中公新書，一九六三年，中公文庫，一九八四年。
村上知行，『北平（名勝と風俗）』，東亜公司，一九三四年。
毛里和子，『現代中国政治』第三版，名古屋大学出版会，二〇一二年。
矢吹晉，『鄧小平』，講談社学術文庫，二〇〇三年。
山崎豊子，『「大地之子」と私』，文芸春秋，一九九六年，文春文庫，一九九六

年。
李志綏／新庄哲夫訳，『毛沢東の私生活』上下，文芸春秋，一九九四年，文春文庫，一九九六年。
リンダ・ヤーコブソン、ディーン・ノックス／岡部達味兼修、辻康吾訳，『中国の新しい対外政策—誰がどのように決定しているのか』，岩波現代文庫，二〇一一年。

中南海簡略年表

清朝

1850	3月8日咸豐帝即位。
1861	11月11日同治帝即位，慈禧太后開始垂簾聽政。
1875	2月25日光緒帝即位。
1893	12月26日毛澤東出生。
1894	7月25日甲午戰爭（日清戰爭）開始。
1895	4月17日締結中日講和條約（馬關條約）。
1898	6月11日戊戌變法。 9月21日戊戌政變，光緒帝被幽禁在瀛台。
1899	10月山東省義和團起義。
1900	8月14日八國聯軍進入北京城。壓制義和團。
1905	9月2日廢除科舉制度。
1908	11月14日光緒帝於瀛台逝世。 11月15日慈禧太后於儀鑾殿逝世。
1911	10月10日武昌起義。辛亥革命。袁世凱就任清朝總理大臣。

中華民國

1912	1月1日中華民國成立。孫文於南京就任臨時大總統。清朝瓦解。
	3月10日袁世凱於北京就任臨時大總統。
1915	12月袁世凱皇帝即位。於居仁堂舉辦朝賀儀式。
1916	6月6日袁世凱去逝，黎元洪就任總統。
1921	7月中國共產黨於上海集結。
1928	將中南海變成公園，開放給一般民衆。
1931	9月18日發生九一八事變（又稱瀋陽事變；日本稱滿洲事變）。
1937	7月7日發生七七事變（盧溝橋事變）。中日突然全面開戰。
1941	12月8日太平洋戰爭突然爆發。
1945	8月14日本決定接受《波茲坦宣言》。
1948	12月26日傅作義進入懷仁堂。

中華人民共和國

1949	4月12日毛澤東進入中南海。 9月9日中國軍司令部從河北省西柏坡移至中南海。 9月21日召開中國人民政治協商會議第一屆全體會議（頤年堂，9月21日～9月30日）。 10月1日中華人民共和國成立，於天安門城樓上舉辦開國大典。
1950	4月毛澤東接見全國新聞工作會議代表（頤年堂）。
1954	10月國防委員會第一次會議（紫光閣）
1956	2月14日赫魯雪夫批判史達林。 4月28日毛澤東提倡「百花齊放、百家爭鳴」。
1957	6月8日黨中央（毛澤東）指示進行反右運動。
1958	5月5日召開中共第8次黨代會第2次會議（～5月23日），發表「大躍進」政策。
1959	4月18日召開第2期全人代第1次會議（～4月28日），劉少奇就任國家主席。
1959	5月釣魚台國賓館竣工，9月30日蘇聯赫魯雪夫書記長訪中（～10月4日）、投宿在此。
1959	7月2日舉辦廬山會議（～8月16日），批判大躍進政策的彭德懷遭毛澤東解除國防部長職務。鄧小平因在中南海俱樂部打撞球骨折入院而缺席。
1960	4月16日中蘇開始交惡。
1961	劉少奇與鄧小平實施經濟調整政策。
1962	1月11日中共中央擴大工作會議（七千人大會）（～2月7日），毛澤東進行自我批判。
1964	毛澤東警告「黨內修正主義」。

1965	11月10日上海報紙《文匯報》刊載姚文元的《評新編歷史劇〈海瑞罷官〉》」。燃起文革的烽火。
1966	5月4日召開中共中央政治局擴大會議（～5月26日）。成立中央文革小組。 8月1日召開中共第8屆11中全會（～8月12日）。毛澤東發表《砲打司令部—我的一張大字報》，開始批判劉少奇。 8月毛澤東從豐澤園移動到「游泳池棟」。
1967	1月13日毛澤東與劉少奇最後一次會面（人民大會堂「福建廳」）。 2月11日軍隊老幹部批判文革發起「二月逆流」（～2月16日，懷仁堂）。 7月20日發生「武漢事件」，文革派遭到監禁。 9月13日劉少奇被軟禁在中南海自宅（福祿居）內。後被送至河南省鄭州與家人離散。 11月27日逮捕王光美，送至秦城監獄（78年12月釋放）。
1968	10月13日（擴大）召開中共第8屆12中全會（～10月31日）。 10月18日劉少奇被永久開除黨籍。
1969	3月2日黑龍江省烏蘇里江發生中蘇武力衝突（珍寶島事件）。 4月1日召開中共第9次大會（～4月24日），林彪被指定為毛澤東接班人。10月鄧小平被「下放」到江西省。 11月12日劉少奇於河南省開封逝世。
1970	10月1日國慶日，毛澤東與愛德加．史諾站在天安門上，中國方面將其視為對中美關係改善發出的訊號。
1971	4月10日經毛澤東許可，美國桌球代表隊訪中（～4月17日）。

	7月9日美國國務卿季辛吉秘密訪中，投宿在釣魚台國賓館6號樓（～7月11日）。 7月15日尼克森總統發表將於1972年2月訪中。 9月13日發生林彪事件，墜機死於蒙古。 10月20日季辛吉第二次訪中（～10月26日）。 11月9日中國代表團（團長＝喬冠華外交部次長）出席聯合國會議，恢復聯合國席位。
1972	1月10日毛澤東突然以睡衣之姿出席前外交部長陳毅葬禮（八寶山公墓）。 2月21日美國尼克森總統訪中（～2月27日），與毛澤東主席會談（中南海游泳池棟書齋）。 9月25日田中角榮首相訪中（～30日）。9月27日與毛主席會面（地點同前）。9月29日中日發表聯合聲明，中日邦交正常化。
1973	4月12日鄧小平以副總理之姿出席諾羅敦．施亞努的歡迎宴會。後來成為周恩來的代理人。 8月24日召開中共第10次大會（～8月28日）。王洪文、張春橋、江青、姚文元等文革派進入領導階層。
1974	4月9日鄧小平在聯合國發表《三個世界理論》演說。
1975	江青等四人幫與鄧小平的對立白熱化。
1976	1月8日周恩來總理逝世（三〇五醫院）。毛澤東指定華國鋒為代理總理。 4月5日周恩來追悼遊行與中共當局發生衝突，成為第1次天安門事件。鄧小平失勢。華國鋒就任總理。 5月27日毛澤東與巴基斯坦首相布托會面，為與外國元首最後一次會面。

	7月6日朱德逝世。 7月28日發生唐山大地震，毛澤東暫時移居至202號館。 9月9日毛澤東逝世（游泳池棟書齋）。 10月6日王洪文、張春橋、姚文元於懷仁堂被逮捕，江青於中南海自宅（201號館）被逮捕。 10月7日召開政治局緊急會議，由華國鋒就任黨主席。
1977	7月16日召開中共第10屆3中全會（～7月21日），鄧小平全面復闢。 8月12日召開中共第11次大會（～8月18日），華國鋒宣布文革結束。
1978	12月18日召開中共第11屆3中全會（～12月22日），決定改革、開放，確立鄧小平的主導權。 12月22日釋放王光美，安置在翠明莊。
1979	1月1日中美建立邦交。
1980	5月17日召開劉少奇追悼大會，恢復其名譽，由鄧小平致追悼詞。 6月13日胡耀邦總書記與南斯拉夫駐北京記者會面（瀛台）。 8月30日召開第5屆全人代第3次會議（～9月10日），華國鋒總理辭職卸任，趙紫陽就任總理。
1981	2月5日召開中央書記處、教育工作者春節座談會（懷仁堂）。 6月27日召開中共第11屆6中全會（～6月29日），採納《關於建國以來黨的若干歷史問題的決議》，華國鋒降格為副主席，胡耀邦就任主席（懷仁堂）。 7月與三菱總合研究所代表團谷牧副總理會面（人民大會堂），住宿以及舉辦記者會皆在釣魚台國賓館。

1982	9月1日召開中共第12次大會（～9月11日）。胡耀邦就任總書記，廢除黨主席制度。
1984	11月29日山崎豐子與胡耀邦總書記單獨會面（勤政殿官邸）
1985	12月7日山崎豐子與胡耀邦總書記會面（勤政殿官邸）
1986	12月北京．上海．南京等學生遊行。鄧小平發出「反對資產階級自由化」宣言。對胡耀邦施壓。
1987	1月16日召開中共中央政治局擴大會議（～1月22日）。胡耀邦辭去總書記職務（留任政治局常務委員）。趙紫陽代理總書記。 10月25日召開中共第13次大會（～11月1日）。趙紫陽提出「社會主義初級階段論」。 11月2日召開中共第13屆1中全會，秘密決議賦予鄧小平最終裁決權。趙紫陽就任總書記。
1989	4月15日胡耀邦逝世。學生遊行後來發展成為民主化遊行。 5月15日蘇聯戈巴契夫書記長訪中（～5月18日），投宿在釣魚台國賓館17號樓，16日與趙紫陽會談，趙透露1987年11月的秘密決議。 5月20日北京發出戒嚴令。 6月4日戒嚴軍部隊包圍、鎮壓天安門廣場，發生第二次天安門事件。6月23日召開中共第13屆4中全會（～6月24日）解除趙紫陽以總書記為首的所有職位，由江澤民就任總書記。
1992	7月11日故周恩來夫人鄧穎超逝世（西花廳）。
1994	9月6日三菱集團代表團（團長＝諸橋晉六三菱商事會長）和李鐵映國務委員暨國家經濟體制改革委主任會面（紫光閣）。7日與李鵬總理會面（同一地點）。
1995	4月27日北京市委書記陳希同因貪污遭到解任。

1997	2月19日鄧小平逝世。 7月1日香港回歸。
2002	11月8日召開中共第16次大會（～11月14日），江澤民辭去總書記，留任中央軍事委員會主席。
2003	4月14日胡錦濤視察廣東，提出「科學發展觀」。 4月非典型肺炎（SARS）流行（～5月）。
2004	9月16日召開中共第16屆4中全會（～9月19日）。江澤民辭去中央軍事委員會主席，胡錦濤上任。
2005	4月29日胡錦濤國家主席與連戰國民黨主席會談。 8月1日首次中美戰略對話（北京）。
2006	9月24日上海市委書記陳良宇因貪污遭到解任。 12月30日胡錦濤國家主席與香港行政長官曾蔭權在中南海202號館會談（之後每年都會在同一館進行會談）。
2007	5月胡主席設宴款待國民黨名譽主席連戰（瀛台）。 10月15日召開第17次黨代會（～10月21日），習近平、李克強進入最高領導階層。
2008	7月16日胡主席於瀛台迎薰亭接待前往俄羅斯療養的受災地區中小學生。 8月8日舉辦北京奧林匹克運動會（～8月24日），胡主席設宴款待布希總統、普丁總統（瀛台）。
2010	5月1日舉辦上海萬國博覽會（～10月31日）。 9月江澤民接待日本前首相福田至瀛台。
2011	6月香港電視台誤報「江澤民逝世」新聞。 10月江澤民出席辛亥革命100周年紀念大會。
2011	7月15日胡主席接待美國芝加哥高中山一行人至瀛台迎薰亭。

2012	2月6日發生「重慶事件」。王立軍副市長不得已進入美國總領事館。 3月15日重慶市委書記暨政治局委員薄熙來為了負起該事件責任而遭到解任。 11月8日召開中共第18屆大會（～11月14日，人民大會堂．京西賓館），習近平體制發跡。
2013	11月9日召開中共第18屆三中全會（～11月12日），決定全面深化改革。
2014	6月30日前軍事委員會副主席（上將）徐才厚因疑似違反紀律遭到開除黨籍（3月調查．拘提）。 7月29日新華社報導前政治局常務委員周永康因疑似違反紀錄而接受調查。11月10日北京召開APEC亞太經合組織領導幹部非正式會議（～11月11日）。 11月11日召開中美元首會談（～11月12日，瀛台，人民大會堂）。 12月5日周永康遭開除黨籍、進入司法程序（正式逮捕）。 12月22日新華社報導前中央辦公廳主任令計劃疑似違反紀律遭到調查。

博雅文庫 211

中南海：你所不知的中國政治樞紐

中南海——知られざる中国の中枢

作　　者　稻垣清
譯　　者　張萍
校　　訂　蔡文軒
發 行 人　楊榮川
總 經 理　楊士清
執行主編　劉靜芬
封面設計　姚孝慈
出 版 者　五南圖書出版股份有限公司
地　　址　106台北市大安區和平東路二段339號4樓
電　　話　(02)2705-5066
傳　　眞　(02)2706-6100
劃撥帳號　01068953
戶　　名　五南圖書出版股份有限公司
網　　址　http://www.wunan.com.tw
電子郵件　wunan@wunan.com.tw
法律顧問　林勝安律師事務所 林勝安律師
出版日期　2019年1月初版一刷
定　　價　新臺幣380元

國家圖書館出版品預行編目資料

中南海：你所不知的中國政治樞紐／稻垣清著；張萍譯.
-- 初版. -- 臺北市 : 五南, 2019.01
面；　公分. --（博雅文庫；211）
譯自：中南海：知られざる中国の中枢
ISBN 978-957-11-9989-4（平裝）

1.中國政治制度　2.中國共產黨　3.中國大陸研究

574.1　107017018